上海工程技术大学学术著作出版专项资助项目（批准号：2019ZC13）；上海高校思政课教师启明星项目“改革开放40年中国共产党超大城市社会治理的历史演进：基于上海的研究”（批准号：2019德育03）

中国书籍学术之光文库

中国特色治理现代化视阈下的上海发展道路研究

吴　超｜著

图书在版编目（CIP）数据

中国特色治理现代化视阈下的上海发展道路研究/
吴超著．—北京：中国书籍出版社，2019.12

ISBN 978－7－5068－7597－4

Ⅰ．①中…　Ⅱ．①吴…　Ⅲ．①城市经济—经济发展—
研究—上海　Ⅳ．①F299.275.1

中国版本图书馆 CIP 数据核字（2019）第 279347 号

中国特色治理现代化视阈下的上海发展道路研究

吴　超　著

责任编辑　刘文利　刘　娜
责任印制　孙马飞　马　芝
封面设计　中联华文
出版发行　中国书籍出版社
地　　址　北京市丰台区三路居路 97 号（邮编：100073）
电　　话　（010）52257143（总编室）　（010）52257140（发行部）
电子邮箱　eo@ chinabp. com. cn
经　　销　全国新华书店
印　　刷　三河市华东印刷有限公司
开　　本　710 毫米×1000 毫米　1/16
字　　数　153 千字
印　　张　15
版　　次　2019 年 12 月第 1 版　2019 年 12 月第 1 次印刷
书　　号　ISBN 978－7－5068－7597－4
定　　价　85.00 元

目　录
CONTENTS

第一章　上海城市现代化发展的特色禀赋

一、市情定位

上海是世界著名的国际城市，是我国工商业规模最大的经济、金融、贸易和文化中心之一，位太平洋西海滨、我国漫长海岸线中部，居明清六百年来富丽甲天下的太湖流域下游，处沃野千里的长江三角洲冲积平原前沿；具典型亚热带湿润季风气候特点；地连同操吴语方言的苏州、嘉兴二市，与江苏、浙江两省的省会南京杭州唇齿相依；和首都北京、天津、重庆，并肩而为中央人民政府直辖市。

上海是中国商业机会最多的城市，也是内地与海外集散商品、融通资金的枢纽和引进传输技术的桥梁。据 2018 年数据统计，在上海，每天有 6388 万块集成电路、7981 辆汽车、56329 吨钢材、

23527 载重吨船舶、1049 台光学仪器、1067 台空调、1499 台冰箱、4075 台洗衣机、3729 台液晶电视、68145 台微型计算机、129046 部手机、6281 辆自行车出厂，超过 10 亿元商品、货币回笼；每小时有数十亿元短期资金在银行间拆借；每分钟有几千万美元的商品、货物从口岸通过；每秒钟有几万笔证券、外汇、期货交易配对成交!①

上海行政区域北濒长江口，南临杭州湾，西傍京杭大运河江南段，被人们称作现代长江水系中最富有、最繁忙、最喧闹的两条小支流——黄浦江、吴淞江纵横蜿蜒，宛若一条"丁"字形玉带，将上海分成淞南、淞北和浦东三大片；地势东高西低，罕见冈峦，平均海拔高度不足 4 米，天马、凤凰、余、薛等峭立平原之上、百米以下的"云间九峰"诸山，根据考察测定，只是中生代后期大约 7000 万年前地壳断裂，岩浆涌出，风化侵蚀尚未殆尽的残余尘埃。

上海南北长 120 余公里，东西宽约 100 公里，辖黄浦、静安、徐汇、虹口、杨浦、长宁、普陀 7 个中心城区与宝山、闵行、松江、嘉定、金山、青浦、奉贤、崇明、浦东新区 9 个郊区。境内有中国最大、世界著名的江、海、河运港口和中国第三大岛崇明岛；大陆海岸线长 173.2 公里，岛屿海岸线长 271.4 公里，陆域面积 6833 平方公里，其中，岛屿面积约 1247 平方公里，河网湖荡面积约 700 平方公里；长江口水域面积约 1107 平方公里，滩涂面积约

① "勇于创新——上海工业改革开放 40 年 500 例成果展"，上海市政协，2018 年。

376 平方公里，海洋水域面积约 10754. 6 平方公里。①

但从国情来看，上海与世界城市等级中的全球性、大洲性、区域性国际中心城市相比，仍然存在一定差距，仍然是一个社会主义初级阶段人口规模达到国际中心城市水平、具备了某些赶超国际中心城市条件的发展中国家的特大型城市。

二、区位优势

著名历史地理学家谭其骧教授说过："历史好比演剧，地理就是舞台，如果找不到舞台，哪里看得着戏剧!"上海具有得天独厚的地理条件，无论在中国经济格局还是在亚太经济格局都处于势位特殊的重心区域。

上海的南方有以珠江三角洲和闽东南地区为主的东南沿海经济区。东南沿海经济区是祖国向海外侨胞展现改革开放政绩的窗口，承担着促进祖国统一的任务。珠江三角洲和闽东南的广州、深圳、珠海、汕头、厦门依靠 20 世纪 80 年代的体制创新和优惠政策，已经成为中国增长最迅速和吸引外资最多、经济外向化程度最高的地区。

上海的北方有以山东半岛、辽东半岛、北京、天津、河北为主的环渤海湾经济圈。环渤海湾的北京是祖国的首都，北京和天津是

---

① 《上海市海洋功能区划（2011 年—2020 年）》，2012 年。

北方的经济和科技、文化中心，青岛、大连、营口是我国第五、第八、第九大港，这一区域的钢铁、石油、原棉、原煤占全国产量的2/5 和1/5，资源和工业基础强于珠江三角洲和长江三角洲，高新技术强于珠江三角洲，不亚于长江三角洲。① 按照居重驭轻、本固邦宁的管理原则，政治中心不应远离经济中心，首都周边的环渤海湾经济圈迅速成为一个经济腾飞的拱卫区域，符合国家深谋远虑的战略思想。

上海的西方有长江流域苏、浙、皖、赣、湘、鄂、渝、川7省1市支撑经济发展的广阔腹地。180 万平方公里的长江流域以中国1/4 的耕地，生产了中国1/4 的粮食和1/3 的棉花；以1/2 的淡水面积提供了2/3 的鲜活水产。发达的农业哺育了实力雄厚的工业。长江南北的重点钢铁工业占中国的1/2，钢和钢材产量占全国总产量的45%；石油化工产值占全国总产值的的40%；汽车产量占全国总产量的47%；新材料、生物工程、微电子、通信设备等朝阳工业已颇具规模。②

从西往东，乡村富裕，都会繁忙，长江流域30 个大中城市首尾呼应，奠定了发展第三产业的牢固基础。其中，南京、武汉、重庆都是中国区域性经济、金融、商贸中心城市，宁波、杭州、苏州、无锡、芜湖、九江、长沙、岳阳、荆州、宜昌皆是19 世纪中

---

① 董志龙：《财富中国》，中国纺织出版社2015 年版，第35 页至第38 页。

② 汪传旭：《上海与长江流域航运服务业联动发展》，上海人民出版社2014 年版，第85 页至第90 页。

晚期和20世纪初期就已对外开放的口岸。长江和两岸城乡分布着世界罕见的奇峰秀川、名胜古迹，更是旅游资源丰富的风景画廊。

上海的东方，有被称为“伟大公路”的海洋航线，是距离相对接近的东北亚经济圈的日本、韩国与东南亚经济圈的新加坡、马来西亚、泰国及欧美各国中心城市连接中国大市场、沟通中国沿海和长江经济带的主干道。

上海所在的长江三角洲，是世界最大的城市群之一，2018年国内生产总值13.796788万亿元，约占全国经济总量的20.12%。[①] 从公元4世纪以来，长江三角洲就一直是中国经济、文化的心脏地带之一。长江三角洲的南京、扬州、杭州、苏州、宁波等都曾同时或先后跻身中国最大城市的行列。一个地区经济、文化的繁荣能够延续1600余年仍然生机蓬勃，在中国历史上绝无仅有，在世界历史上也十分罕见。这样的奇迹，不仅鲜明地展现了长江三角洲人民勤劳、勇取、智慧的文化底蕴，而且充分显示了三角洲沿长江，环太湖，邻运河，濒东海，宜农、宜工、宜商的自然禀赋。

长江三角洲超前发展，地利人和的现实条件表现为：

（一）长江三角洲各城市自改革开放以来日益大型化，基础设施体系不断完善，具备了大规模分工合作、大范围周转交换的经济主导力量。长江三角洲市区人口超500万的城市和市区人口100万以上的城市各占三角洲15个城市1/2；经济总量超5000亿元的城

① 俞菊生、宋仲琤主编：《长江三角洲发展报告（2016）新农村建设》，上海人民出版社2017年版，第313页。

市约占15个城市的1/2。人均国内生产总值超万元的城市约占2/3；乡镇企业、合资企业与国有工业，商品市场、批发市场和国家级要素市场名列全国前茅；科研院校处于领先地位，科技群英荟萃，旅游资源丰富。全国综合实力百强县有四成在长江三角洲，百强县的头名状元在长江三角洲。百强县的前十名，长江三角洲的县级市占十之七八。

（二）长江三角洲城市和农村电力、通讯、水利设施齐全，交通既有朝发夕至的快捷干道，又有量大重载的集疏运网络。陆路运输已建成的有京沪、沪宁、沪杭、沪昆、杭深、沪蓉、京福高速线路和城际铁路等铁路；沪宁、沪杭、杭甬、宁芜、宁合等高速公路；宁扬泰通、宁连一级公路；南京长江大桥、江阴长江大桥；沪甬跨海交通通道等。水路运输有黄金水道长江，黄浦江和吴淞江航运线（每条拖轮带20节驳船，运量就相当甚至超过了一列大运量火车），以及南京、镇江、扬州、张家港、常熟、太仓、南通等沿江港口；还有年运量6000万吨，航道单向通过能力相当于津浦铁路江苏段的苏北运河；年运量1亿吨，相当于沪宁铁路年运量四倍的苏南运河；年运量5800多万吨，相当于沪杭铁路年运量两倍的杭嘉湖内河航道（主干为京杭运河浙江段、长湖申线、杭申线）以及杭甬运河。海路运输有年吞吐量突破7亿吨的上海港、宁波舟山港，年吞吐量突破2亿吨的南通港等。①

① 王振：《2014长三角地区经济发展报告》，上海社会科学院出版社2014年版，第114页。

（三）长江三角洲城市在加强合作方面具有较强的相容性。长江三角洲在行政区划上虽隶属两省一市，但自然环境、经济地理、人文背景却属同质一体的地理单元，每个城市都拥有无法替代的特定优势，长江三角洲城市在发展中，点、线、面之间集聚、辐射、扩散，长期来看，城市之间起着相互促进的作用。长江三角洲 15 个城市，隋唐前或隋唐之际兴起的有 9 个（南京、扬州、镇江、苏州、常州、杭州、绍兴、湖州、宁波），五代兴起的有 3 个（南通、泰州、嘉兴），晚清兴起的有 3 个（上海、无锡、舟山）。明朝长江三角洲 11 府，除了松江原因特殊外，其余 10 府至今仍是省辖市和省会城市或直辖市，其他 5 市则由州县升级为省辖市，呈现了历史发展的稳定性和继承性。此外，长江三角洲城市的风土人情、语言风俗类似，城市之间交流多，移民分布广泛，亲缘关系深厚。尽管沪宁、津浦铁路的通车，曾一度削弱了长江三角洲运河城市的优势，使南京、无锡、常州等铁路城市发展快于扬州、镇江，上海开埠以来曾一度影响苏州、宁波的商业、贸易，但从长远观察，铁路并未取代运河，开埠也更加促进了苏州、宁波的现代化。

三、崛起条件

依托长江三角洲经济和人文资源的深厚底蕴，凭借座“黄金水道”与“黄金海岸”交汇点，扼太平洋西环贸易航线要冲，守华夏文化南北融合聚集点，当中外思想整合东西对流之衢路的优越条件和租界弭兵的特殊环境，上海1843年开埠以来在遭受帝国主义欺侮、凌辱的同时，广泛接受了西方工业革命、市场扩张、商品流动、资本输出所涌入的科技与管理知识，不断获得口岸开埠、洋务运动、戊戌变法、辛亥革命、民族解放等一系列影响中国命运与前途的伟大变革所赐予的历史机遇，上海的发展是追求国家振兴的政治、经济、文化、人才等民族救亡资源空前规模的高强度投入的物化结果。

交通便而物流汇，物流汇而贸易兴，贸易兴而人流聚，人流聚而消费旺，消费旺而商业活，商业活而工业兴，工商业兴而钱业盛，钱业盛而生计多，生计多而人才出，人才出而科技兴，科技兴而人才济，人才济而教育兴，教育兴而思想变，思想变而观念新，观念新而变革行，变革行而弊政除，弊政除而百业举，百业举而人心齐，人心齐而万事兴。

上海在一系列中国历史转折的关键时刻，与中国历史的一系列飞跃共同腾跃，表现出中国人民顺应世界进步潮流的聪明敏捷和无畏困难的意志坚韧。中国人民在上海以超过帝国主义疯狂攫取能力的勤劳、勇敢，创造了帝国主义掠夺后的盈余，以锲而不舍、金石可镂的艰苦奋斗，逐渐完成了支撑现代化建设所必需的物质财富与包括思想、文化、教育、科技、管理知识、才智的精神财富的双重积累，披荆斩棘、艰难曲折地开拓了一条面壁破壁的发展道路。

历史上海是中国最大的移民城市。1843年五口通商，上海人口50余万；1890年，上海人口82.5万，其中，移民约15万；1927

年，上海人口 264 万，移民比重占人口增量的 2/3；1948 年，上海人口 498 万，其中，本地籍贯居民约 74 万，非本地籍贯居民约 423 万。[①]

当然，历史上海的繁荣与发展，不仅凝聚着生于上海和从四面八方来到上海的中国各族人民的贡献，而且渗透着中国华侨的汗血。中国华侨对历史上海繁荣、发展的奉献，不仅在于从 1840 年至 1949 年，中国华侨在上海创立了南洋兄弟烟草公司、永安纺织印染公司，先施、永安、新新、大新等南京路四大环球百货公司和中南、华侨、集友银行等 187 家工商金融企业，华侨在上海投资占华侨在祖国投资总额的 1/7；不仅在于中国华侨在祖国历史发展的每一关键时刻，从戊戌维新、辛亥革命直至抗日战争、人民革命，始终以自己的生命或起早睡晚、省吃俭用所得的财富向祖国提供献身忘我的捐助；不仅在于中国华侨以自己作为沟通祖国和世界经济、贸易联系与思想文化交流的桥梁，推进祖国现代化建设和振兴中华的伟大事业；而且在于从 1902 年至 1936 年，中国居住在世界各地的 865 万海外华侨以累计总量 70.54 亿银圆的侨汇弥补了祖国商品进出口 105.4 亿银圆贸易逆差的 66.92%，改善了当时祖国经济濒临崩溃的险恶处境，有力地支持了祖国及上海经济发展。[②]

历史上海是中国最大的开放城市，曾有 40 多个国家的 5 万余

---

① 邹依仁：《旧上海人口变迁的研究》，上海人民出版社 1980 年版，第 50 页。

② 中国银行行史编辑委员会编著：《中国银行行史 1912—1949》，中国金融出版社 1995 年版，第 214、215 页。

侨民在上海工作、生活；1942 年，上海外国侨民包括东邻日本侨民多达 15 万人。在上海的外国侨民，既有剥削、压迫、掠夺中国人民的侵略者，又有参与开发、建设上海的劳动者（例如第二次世界大战逃脱德国法西斯屠杀、来到上海的近 1.5 万犹太难民）；既有在上海援助中国进步事业和革命斗争的进步人士与革命者，也有借上海之地，志在解放祖国的革命战士（如朝鲜半岛为日本吞并后、大韩民国流亡政府 1919 年成立于上海）。

实事求是地承认人类社会创造的一切文明成果和世界各国包括资本主义发达国家一切符合近代、现代、社会化生产规律的先进经营方式、管理方法对历史上海的积极影响，客观评价外国侨民对上海发展的贡献；区分外国侨民与外国殖民者的不同性质，区分资本主义各国对封建中国、半殖民地半封建中国的侵略与侵略带来的人民惊醒、觉悟、中华民族回击侵略挑战的社会进步，区分资本主义各国侵略给中国人民带来的苦痛与中国封建社会解体、新旧生产方式更替的历史发展阵痛；这些都是对外开放的上海需要认真总结的课题。

历史上海不仅给当代中国留下了光荣的革命精神传统、优秀的工人阶级和高素质的劳动群众，而且给当代中国留下了经济、贸易、金融中心相对完备的现代经济组织、现代经济管理艺术和现代工商金融企业的物质基础。历史上海不仅给当代中国留下了文化、科学、教育中心的雄厚设备资源，而且给当代中国留下了群星灿烂的文化、科学、教育的人才精英和门类齐全的宏大知识分子队伍。

历史上海给当代中国留下的民族资产阶级同样也是当代中国的宝贵财富。

1956 年，在资本主义工商业改造时期，党中央就曾批评过把拥护公私合营的资本家当成包袱的错误观点。毛泽东同志说："工商业者不是国家的负担，而是一笔财富，过去和现在都起了积极作用"。[①] 陈云同志也指出："在中国的封建地主阶级、官僚资产阶级、民族资产阶级、农民阶级和工人阶级中，民族资产阶级是文化程度高、知识分子多的一个阶级……过去苏联出美元和洋房请美国专家，现在我们不需要出美元、洋房，资本家还敲锣打鼓来向我们要求工作，给他们工作就很高兴，我们为什么不用他们？不用他们就是傻瓜……这笔财富究竟有多么大呢，我看至少不低于他们生产资料的那一笔财富。"[②]

历史上海的发展过程有其半殖民地半封建社会寡廉鲜耻、藏污纳垢的黑暗与腐朽，但其作为习非成是、养痈遗患的殷鉴，亦不乏昭示当代中国激浊扬清、除残去秽、防微杜渐的启迪意义。

---

① 李捷主编：《毛泽东著作辞典》，浙江人民出版社 2011 年版，第 433 页。

② 《陈云文选》（1949—1956），人民出版社 1984 年版，第 305 页。

第二章　上海城市现代化发展的特质基因

一、地质环境

上海是一片从海下冒出水面的陆地，多少年前，上海确曾是波涛汹涌的海上汪洋。地质概念的上海，以化石样本推断其成形、成长的过去和海陆变迁的岁月沧桑，可穿越人类文明的时空，追溯到人类无缘目睹的悠远时光。上海和我国沿海其他地方一样，伴随全球几万年乃至几十万年循环一次的冷暖炎凉，多次亲历海枯成陆、海溢陆沉、海陆缩伸等自然之手调控的桑田与沧海之盈虚消长。

科学研究描述的、有人类参与、距离现在最近的一次海陆变迁，大约起始于2万年以前。那时全球气候由热转凉，又一次进入几千年的冰期，海水蒸发变成冰雪，两极、高纬地区冰盖扩大、冰川在高、中纬度地区广泛发育，海洋水体失去河流、雨水的充分补给，控制范围不断缩小。大约1.8万年前，海平面降到了比现代海面低130米的位置，渤海、黄海、东海和台湾列岛周围的浅近海域大面积干涸。上海和东海大陆架海底沙丘裸露；长江东流，一直奔到琉球群岛附近注入海洋。

不久，气候进入间冰期，由寒转暖，冰川消融、江河横溢，海洋水体恢复雨水、河流的充分补给，不断浸入边缘已经成陆的海底，海平面回升，近海的干涸海域重新涌动惊涛狂澜。东海大陆架白浪滔天，上海又被大海淹没，长江口后退至镇江、扬州附近，形成一泓鱼跃鲸浮、横无际涯的大海湾。后来的太湖就是这个碟形古海湾的中央。

一万年以来，气候相对稳定，长江挟卷和海潮涨落搬运的巨量泥沙在长江口沉淀，堆积速度逐渐超过了海平面上升幅度。到6000至7000年前，上海的嘉定方泰——松江——金山一线以东逐渐形成几条平行排列，长约130公里、宽约2至8公里，西北东南走向，俗称“冈身”的沙堤；冈身外侧成为上海大部分地区自西向东再一次冲积成陆的起点。

长江口又一次由西向东推移，长江三角洲也以每年几十米的平均速度向大海延伸，终于造就此后寸土千金的“上海滩”，可以说，没有长江和海洋的哺育，就没有上海的生命。若追根溯源，则长江携带的万亿吨泥沙，又来自长江水系中上游两岸高山，以及平原摇钱聚宝的湖泊河川。从这个意义上讲，上海不啻为长江流域雄伟躯体的基因组织和健壮生命细胞在长江口吐故纳新、脱胎换骨的升华。

二、历史文脉

上海是长江三角洲城市群中的一个年轻城市，作为边界分明、地名概念的独立建置，直到近代才逐渐具备大城市的完整功能。如果从1928年设特别市、1930年设院辖市算起，迄今不过约90年的历史；从1843年开埠、1853年我国对外贸易中心由广州向上海转移算起，迄今仅有170年左右的历史；即使从1267年设镇、1291年设县算起，迄今也只有700多年的历史。不过，崧泽、福泉山等史前文化遗址说明，新时器时代人类祖先就在上海西部青浦、松江、金山海岸边缘植稻养蚕、驯猪狩鹿、捕鱼捉鸟；点燃生活、劳动的智慧火种，留下了值得永远缅怀的拓荒业绩。

尽管考古挖掘和文字记载证明，上海浦西大部分地区和浦东小部分地区以沙洲、滩涂形态成陆于唐宋开元“捍海塘”、乾道“里护塘”修筑之际，迄今亦不过1000年左右的历史；浦东大部分地区以沙洲、滩涂形态成陆于明朝成化“钦公塘”修筑之际，迄今不过600年左右的历史。但是，区域历史的解说既要坚持以现实的行政本位作为撰写的中心，围绕一个确定的空间来展现区域历史的鲜明地方特色，又要以自然的地理单元作为叙事的基础，敢于尝试，突破把今日之行政本位的空间范围当成历史撰叙绝对边界的局限性，努力反映区域历史的全貌与建置沿革、变化的始末源流。

行政区是国家为行政需要而划分由国家授权相应的地方行政机关所管理的疆域。在没有独立建置的岁月里，“上海”作为太湖流域的一隅，曾长期归属以吴（苏州）为中心的行政区划；五代至元朝，“上海”吴淞江以北地区属于以苏州为中心的平江府和平江路，吴淞江以南地区属于以秀州（嘉兴）为中心的嘉兴府和嘉兴路。在元末、明、清有独立建置的大部分时间内，上海吴淞江以北的嘉定、宝山、崇明归苏州府、太仓州统领；吴淞江以南的华亭、上海、青浦等归松江府管辖。

行政区的形成、演变、发展是政治、经济、文化、军事、自然地理条件等多种因素综合作用的结果，户口、财赋多寡等经济因素是行政区划析置的重要依据。行政区与生产力发展的一定历史阶段相联系，随着生产力的发展，同质地理单元的大行政区愈划愈小，大行政区内新行政区愈划愈多是行政区演变的基本规律和客观趋势。

因此，上海的历史首先是长江下游江南地区自然史与社会史水乳交融的有机构成，回眸上海的历史首先必须描述长江下游江南地区与上海并蒂连枝的太湖流域政治、经济、文化与人口繁衍的历史。

上海的不断发展是生于上海、从四面八方来到上海的各族人民、归国华侨、全国人民、全世界华侨及为上海发展提供支持帮助的外国友朋共同奋斗的非凡创造，因此追溯上海的历史，亦必须言及中国的历史乃至中外交往的历史。

中国的原始农业生产现可追溯到1.2万年前，在整个史前时期，大体以秦岭、淮河为界，中国一直存在着南方稻作农业区和北方旱地两大农业区，南方稻作农业区起源的中心很可能在长江中下游地区太湖流域和洞庭湖江汉平原。一些考古学者指出，整个先秦时期，中国大体存在着中原、长江、泰沂和东北四个主要历史文化区，它们分别构成了华夏、吴越楚、东夷和燕辽文明的主要生长点。新石器时代遗址集中的太湖流域是吴越文明的摇篮。

公元前8000年至公元前3500年的新石器时代是中国历史的部落和部落联盟时期。在公元前8000年至公元前5000年的部落时期，四大文化体系的交往相对稀少；公元前5000年至公元前3500年的部落联盟时期，中原历史文化的扩张构成了这一时期四大文化体系交往的主要特征。

公元前3500年至公元前2000年的铜石并用时代，是中国历史的邦国时期，公元前3500年至公元前2800年泰沂历史文化和长江历史文化曾迅速地向西北推进。

长江流域晚期的大溪文化向北扩展，曾抵达黄河中游地区，向东到达皖西的江淮地区；屈家岭文化向北扩展到达黄河中游的豫中地区，向西北抵达陕东南地区。良渚文化向四周传播的范围也相当广泛，曾向北传播到黄河下游的鲁南地区，向南传播到广东的北部，向西南扩展到赣西北。

公元前2000年至公元前221年的青铜时代是中国历史的王国时期，中原文化借助政治优势迅速向四周辐射；四川盆地、江汉平原、江淮地区、太湖流域、陇东、关中、山西中北部、内蒙古东部都受到中原文化的强烈影响，形成了一个青铜文化共同体。

约公元前4750年—公元前3700年继承河姆渡文化因素发展起来的太湖流域的马家浜文化是中国部落时期的文化。太湖流域约公元前3360年的崧泽文化是中国部落联盟时期的文化。太湖流域约公元前3300年—公元前2200年的良渚文化是相当于中原夏文化时期的文化。太湖流域距今约3800年的马桥文化是相当于中原商周文化时期的文化。

据一些专家估计，距今1万年前，我国祖先的人口约300万—500万；5000年前约800万—1000万；夏商周时期，我国人口约1370万。① 人口繁衍，文明更新，上海的历史便从“冈身”内侧的西部开始了。

（一）吴越秦汉的雄风霸业

《禹贡》分天下为九州，“上海”属于古扬州，太湖流域包括上海的吴越是古扬州最早与中原沟通，建立政治、经济、文化、军事联系的地区之一。传说帝禹东巡狩，至于会稽而崩，夏后帝少康之庶子无余封于会稽，以奉守禹之祀，辟草莱而邑焉，是越国的祖先；殷商末年，周文王姬昌父亲季历的兄长太伯、仲雍为避位让贤，从陕西岐山带着先进的农业生产技术南奔蕃离（旧址约在今无锡市东南），文身断发，示不可用，荆蛮义之，从而归之千余家，

① 李修松：《先秦史探研》，安徽大学出版社2006年版，第32页至第35页。

是吴君的先祖。孔子言："太伯可谓至德矣，三以天下让，民无得而称焉。"

春秋晋楚争霸之际，"上海"南部属越，越都会稽（今绍兴附近），北部属吴，吴都姑苏（今苏州附近）。公元前584年，楚国贵族申公巫臣逃亡晋国，献计助吴扰楚，损楚益晋，出使吴国，教吴射御、乘车、战阵之法，使中原长技与吴共之；进一步加强了太湖流域与中原政治、军事、经济、文化的联系。公元前544年，吴公子季札出使鲁、齐、郑、卫、晋诸国，以完美的人格和丰富的学识倍受晏婴、子产、叔向等中原贤士大夫激赏，反映了太湖流域统治阶层文化修养与中原文明的日趋接近。太史公赞曰："延陵季子之仁心，慕义无穷，见微而知清浊。呜呼，又何其闳览博物君子也。"

太湖流域从此逐步崛起为一个影响中国历史发展的重要区域。

公元前514年至公元前482年，吴王阖闾、夫差父子得楚国伍员和齐国孙武辅佐，挖胥溪运河，由太湖至芜湖出长江，西破强楚，入郢（今江陵）；南报越怨；开邗沟，贯通江淮，北威齐晋，称霸诸侯；"上海"属吴。

公元前473年，越王勾践卧薪尝胆，十年生聚，十年教训，积20年准备而灭吴；当是时，越兵横行江淮东，诸侯毕贺，号称霸王；"上海"属越。

公元前334年，楚威王伐越，杀越王无疆，尽取吴故地，拓地东至浙江，越分散为无数小国，滨于海上，朝服于楚；"上海"属楚。

吴、越盛衰荣辱，既显示了太湖流域开发初期即已存在着藏龙卧虎的巨大经济、军事潜力，也留下了英才云集、“其兴也勃焉”，穷兵黩武、“其亡也忽焉”的深刻启迪。

公元前249年，楚考烈王令尹春申君黄歇献淮北十二县，请封于江东，以吴故城为首邑，“上海”为春申君领地。据说，上海别称“申”即由此而来。

秦灭六国，分天下为36郡，中国历史进入了帝国时期，第一次出现全国统一的政治中心，人口达到2000万左右。[①] 秦时，“上海”属会稽郡。现今上海的嘉定、宝山全境，闵行、青浦、松江北境属古畴县；青浦、松江西境，属古长水县后改由拳县，金山、奉贤及松江南境属古海盐县。

公元前210年，秦始皇出游，过丹阳，至钱塘，临浙江；曾上会稽，祭大禹，又望于南海，而立石刻；还过吴，相传曾登临上海金山区张堰境内的秦山眺望海日东升。

公元前209年，陈胜、吴广揭竿抗秦暴政，奋臂于大泽乡，楚国名将项燕之后、客居吴中的项梁、项羽叔侄杀郡守响应，使人收下县，得劲卒八千，项羽率会稽子弟引兵渡江。“一战而斩李由，再战而降章邯……钜鹿之围，诸侯救赵者，且十余壁，卒莫敢纵兵。及羽渡河，战士无不一当十，遂大破秦兵。当是时，微楚兵，秦且复振。然则谓亡秦者，非江东子弟之力不可也”。[②] 江东子弟，

① 葛剑雄：《追寻时空》，广东人民出版社2015年版，第25页。
② （清）苏渊：《经世文鉴》，北方妇女儿童出版社2001年版，第449页。

72 战，战无不利，是余威犹存的吴越太湖流域惊天动地之巨大能量的又一次喷发、释放。

西汉初年，汉高祖刘邦分封诸侯王，“上海”为荆国属地，后又为吴国属地。刘邦因诸子少，患会稽轻悍，无壮王填之，乃立其兄刘仲之子刘濞为吴王，王三郡五十三城。吴王刘濞即山铸钱，煮海为盐，国用饶足，蓄谋自立。公元前 154 年，汉景帝三年削平吴楚“七国之乱”，吴国废。

公元前 106 年，汉武帝分天下为十三刺史部，“上海”属扬州刺史部会稽郡。西汉一代，太湖流域会稽郡吴人严助、朱买臣等受朝廷重用，文辞并发，名扬天下。不过，与中原经济、文化核心区域关中、河洛相比，当时太湖流域依旧保持着经济、文化发展相对滞后区域的边缘化色彩，全国户口约 5959 万，80% 在北方郡县，南方户口只占全国的 20% 。①

司马迁《史记·货殖列传》云：“总之，吴越之地，地广人稀，食稻羹鱼，或火耕而水耨，果隋蠃蛤，不待贾而足，地势饶食，无饥馑之患，以故偷生，无积聚而多贫，是故江淮以南，无冻饿之人，亦无千金之家。”② 班固《汉书·地理志》亦云：“吴越之君皆好勇，故其民至今好用剑，轻死易发”，“吴东有海盐章山之铜，三江五湖之利，亦江东一都会也……然仅仅物之所有，取之不

① 叶献高编著：《读史杂谈》，华南理工大学出版社 2012 年版，第 111 页。

② 王卫平编著：《吴地经济开发》，南京大学出版社 1994 年版，第 17 页。

足以更费。江东卑湿，丈夫多夭”。[①]

公元 9 年，王莽建“新”。公元 17 年后，绿林、赤眉农民起义烈焰燎原，割据势力跨州连郡；公元 36 年，光武帝统一全国，20 年战争造成北方经济严重破坏，历百余年不能恢复，到公元 140 年，全国人口数量仍仅为公元 2 年的 3/4。与此同时，由于北方人口迁入和较少受到战争摧残，南方人口非但没有减少，占全国人口的比重反而从西汉时的 20% 上升到 40%，达到了 1800 万左右，扬州人口也从西汉时期的 321 万增加到 434 万。[②]

东汉顺帝永建四年（公元 129 年），析会稽郡浙西地置吴郡，辖十三县，“上海”属吴郡，娄县、由拳县、海盐县列其间。《后汉书·郡国志》记吴郡户 16.41 万，口 70.78 万，浙东会稽郡地面积数倍于吴郡，户 12.39 万，口 48.12 万。东汉后期，南方经济发展水平有了普遍提高，能够屡次调运租米供朝廷赈济北方饥荒。

（二）沃野千里的六朝粮仓

公元 184 年，黄巾农民起义席卷七州二十八郡，东汉王朝随之瓦解。军阀混战，天下震荡，北方经济又一次遭到严重破坏，一度出现“千里无鸡鸣，白骨蔽平原”的凄惨景象，全国人口下降为 1000 万左右。然而，孙氏伯仲，割据江东，依托天堑长江，避免了大范围、长时期的兵戈祸乱。随着长江中游人口迁往下游和长江下

---

① 王成组：《中国地理学史（先秦至明代）》，北京商务印书馆 2015 年版，第 85 页。

② 叶献高编著：《读史杂谈》，华南理工大学出版社 2012 年版，第 112 页。

游江北人口移徙江南，太湖流域经济、文化进一步发展起来。“上海”属孙吴之扬州吴郡；孙吴又改秦汉由拳县为嘉兴县。

东汉末年，吴郡顾、陆诸族已是“世有高位”。孙吴立国，吴郡朱、张、顾、陆四姓长期主导吴国政务。顾雍担任东吴丞相19年，初封阳遂乡侯，后进封醴陵侯。陆逊协助吕蒙袭取荆州，初封华亭侯、娄侯，后又因指挥夷陵之战，火焚蜀汉连营功第一，领荆州牧，进封江陵侯。顾雍去世后，陆逊接任东吴丞相。“上海”初为陆逊封邑，其孙陆机、陆云即生于华亭小昆山，后为张昭封邑。

东吴宝鼎元年（公元266年），析吴郡乌程、阳羡及丹杨郡一部置吴兴郡（治今湖州市附近）。之前，孙权分吴郡置毗陵（治今常州市附近）典农校尉，孙亮分会稽立临海郡（治今台州市椒江区附近），孙休又分会稽立建安郡（治今福建建瓯市附近）、孙皓分会稽立东阳郡（治今金华市附近）。自此，吴郡、吴兴郡与会稽郡并称“三吴”。

公元208年，西晋灭吴，分天下为19州，“上海”属西晋之扬州吴郡，松江佘山南始设华亭镇。西晋初年，全国人口约1616万，长江下游人口约33万户，位河南、河北、古荆州、古扬州、古梁州、关内、岭南七区之第四。①

陆机、陆云兄弟在孙吴政权灭亡后入洛，与顾雍之孙顾荣并号“三俊”，被司空张华誉为“龙跃云津、凤鸣朝阳”的东南之宝。

---

① 李天石主编：《中国古代史教程》，南京师范大学出版社2011年版，第188页。

陆机是西晋武帝太康年间最负盛名的文学家之一，中国文学史上骈文的开创者，对当世文风曾产生深刻影响。陆机的《文赋》在中国文学批评史上异帜独树，首次对创作过程、方法、形式、技巧及诗歌音韵必须协调等问题进行了具体研究，开创了后来以谢朓、沈约为代表的永明文学先河，促进了中国古诗格律化。陆机的成就标志着当时太湖流域统治阶层的文化水平与中原统治阶级文化水平的差距已渐趋消失。

公元291年，八王之乱起。311年，晋怀帝被掳。316年，晋愍帝出降。中国北方进入五胡十六国与元魏、高齐、宇文周的北朝年代，南方则进入了东晋与宋、齐、梁、陈的南朝时期。中国北方经济、文化再度沦落，烽烟弥漫，兵火连天，循环不已，乱且未有尽期的百年浩劫，受到极其严重的破坏，直到公元436年，方才实现统一，恢复稳定。

世人所谓“京洛倾覆，中州士女避乱江左者十六七”，中国南方则因八九十万中原遗黎几乎包括北方全部衣冠士族在内的政治、文化精英徙入孙吴旧壤，完整地接受和续延了河洛精耕细作农业生产技术与诗书礼乐的主流传统。因此，长江中下游地区与太湖流域在南北生产技术和人口、文化交流融合的条件下，缓解了地旷人稀、劳动力紧缺和知识分子占人口比例过低的矛盾，不仅经济获得迅速发展，而且在文化水平方面终于超过了北方。

公元345年至356年，东晋永和年间，内史虞潭在吴淞江下游（今青浦境内）修筑沪渎垒，以防海潮；公元400年，内史袁山松重修沪渎垒以备孙恩；上海别称“沪”，传说即由此而来。宋、齐、梁三朝，“上海”属扬州吴郡；陈朝“上海”属南豫州吴州。梁分娄县地置信义县；梁大同元年（公元535年），析信义县地于“上海”境内置昆山县，治松江小昆山北，陈因之。

南迁政权必然携带中原王朝拥有的四方英才、名士和核心区域的发达文化而来，才能服众，割据政权也需要网罗半壁江山境内外豪杰俊彦，始可开基。公元211年至580年，长江下游江南的建康（今南京）一直是孙吴、东晋、宋、齐、梁、陈六朝政治、经济、文化的中心，繁华富丽古今无比。“盖建康立国实以东南供亿为之咽喉”，太湖流域的晋陵郡、吴郡、吴兴郡和会稽郡也因之成为京畿重地垂300余年，农业生产水平达到了“一岁或稔，则数郡忘饥”。其间，虽有历时13年的孙恩起义，历时数年“中兴之盛，尽于是矣”的侯景之乱，以及一些统治阶级内部争权夺利的战争，但遭受的破坏仍远轻于北方。

（三）隋唐五代的设镇置县

公元589年，隋灭陈，废吴州曰苏州；公元605年至616年，大业年间（605—616）复曰吴，寻改为吴郡；废昆山县，公元599年，开皇十八年复置昆山县。此时，“上海”属吴郡昆山县。

长江流域和珠江流域政治、经济、文化、人才资源在建康一隅的世代累积、长期集聚，不仅推动了长江下游江南地区尤其是长江三角洲太湖流域的产出占全国财赋比重的不断提高，而且奠定了长江下游江南地区尤其是太湖流域作为中国南方最主要基本经济区的势位。

史家著作分析，中国历史上存在着“基本经济区”。所谓“基本经济区”，系指农业生产条件与运输设施，对于贡纳谷物、财赋来说，要比其他地区优越得多，以至不管哪个政治、军事集团，只要真正控制了这类地区，就有了称雄图霸和可能统一中国的物质保障。中国历代封建王朝主要是通过有效控制经济发达的基本经济区，并以此作为对其他附属地区进行军事和官僚统治的强大支撑，来维持其中央集权“居重驭轻”的优势，实现“本固邦宁”的目标。

公元584年至610年，杨坚、杨广父子采取了两项影响长江下游江南地区前途和命运的重大措施：一是隋文帝违反经济规律，下诏将建康城邑宫室平荡耕垦、彻底毁弃，目的是为了消除长江下游江南地区作为“基本经济区”一旦失控，对北方中央王朝可能产生的潜在威胁，从而延滞了长江下游江南地区的发展。此后三个半世纪，长江下游的政治、经济、文化中心遂东移扬州、润州（今镇江）。建康旧址有时是一个次要的州治，有时甚至只是一个县治。

二是隋炀帝为了便利漕挽和军事运输、拨调江南粮食及其他财富供养京师，利用天然河流和旧有渠道，征发数百万劳动人民开凿了以洛阳作为中心，北达涿郡（今北京）、南抵余杭（今杭州）、沟通江淮河海四水的南北大运河，适应了南北经济交流的需要，加强了南北之间的文化联系，起到了促进江南发展和南北政治经济一体化的积极作用。

公元611年，隋末农民起义爆发，公元617年隋亡；公元623年，唐王朝统一中国，唐初全国户不满300万，未及隋繁荣时期900万户的1/3。战乱使北方经济又一次遭受比南方更为严重的破坏，黄河下游“萑莽巨泽，千里茫茫，人烟断绝，鸡犬不闻”，直到贞观中年，此处登记的户数仍不足70万，约为隋大业初年470万户的1/7。① 而此时长江下游江南地区与中原经济、文化核心区域的差距已不甚明显。

《隋书·地理志》云：“丹阳旧京所在，人物本盛，小人率多商贩，君子资于官禄，市廛列肆，埒于二京，人杂五方，故俗颇相类。京口东通吴、会，南接江、湖，西连都邑，亦一都会也。其人本并习战，号为天下精兵……宣城、毗陵、吴郡、会稽、余杭、东阳，其俗亦同。然数郡川泽沃衍，有海陆之饶，珍异所聚，故商贾并凑。其人君子尚礼，庸庶敦厐，故风俗澄清，而道教隆洽，亦其风气所尚也。”《新唐书·食货志》亦云：“唐都长安，而关中号称沃野，然其土地狭，所出不足以给京师，备水旱，故常转漕东南之粟……自高宗以后，岁鬬增多。”

唐武德四年（公元621年）改吴郡曰苏州；开元二十一年（公元773年），唐分天下为15道，江南东道治于苏州，天宝年间（742—755）复改苏州曰吴郡，乾元年间（758—760）复曰苏州。“上海”属江南东道吴郡、苏州。经过东晋以来的开发，到隋唐时，

① 赖新元主编：《中国通史》第四卷，延边人民出版社2000年版，第111页。

"上海"地区的生产已得到较快发展，唐制百户为里，五里为乡，凡六千户为上县。天宝年间，"上海"地区人口已突破万户，超过了上县标准。

天宝五年（公元746年），于吴淞江南岸设青龙镇（今青浦区东北）。天宝十年（公元751年），吴郡太守奏请朝廷移昆山县治于马鞍山（今江苏昆山），析昆山县南境、嘉兴县东境、海盐县北境置华亭县。秦初海盐县治旧址在今上海金山区张堰东南，后陷为柘湖；秦二世元年（公元前209年），迁县治于武原乡，旧址在今平湖市东北，后陷为当湖；东汉永建二年（公元127年），迁县治于故邑城，后陷入乍浦东南海中。东晋成康七年（公元341年），设海盐县于马嗥城，旧址在今海盐市城南；南朝梁大同初年，析海盐县地置胥浦县和前京县；南朝陈时，并海盐县入盐官县；隋罢废，唐景云二年（公元711年），分嘉兴县复置；先天元年复废（712年）；开元五年（717年），复置，治于吴御城。

中唐时期，华亭县吴淞江南岸的青龙镇逐渐成为浙西沿海日本遣唐使节和新罗（朝鲜）商人经常在此登岸的重要港口。唐天宝年间（公元755年），官方登记著籍人口恢复到5291.9万，加上大量隐漏人口2000多万，人口总量达到7000—8000万，超过了西汉元始二年（公元2年）5959万左右的水平，长江下游已有户149万，位次由西晋时的第四上升为河北、河南、古扬州、古梁州、关内、古荆州、岭南七区的第三。[①]

天宝十三年（公元 754 年），一场毁灭性的灾难——安史之乱彻底粉碎了从太宗贞观初到玄宗天宝末前后 120 余年的承平兴旺，引致了盛唐莺歌燕舞、国泰民安表象下长期潜伏、积重难返、病入膏肓的社会危机全面爆发。兵火映照黄河流域，戎马蹂躏中原大地，河北、河南、都畿、京畿、河东、关内六道化作征战沙场；生灵涂炭，城郭邱墟，“东至郑汴，达于徐方，北至覃怀，经于相土，人烟断绝，千里萧条”，虎口余生的黎民百姓离乡背井，大量逃亡荆、扬二州，中国北方焦土糜烂，经济、文化又一次惨遭比南方更为酷烈的摧残。山东虽未尽失，而隔绝不通，蜀赋既寡，又限以剑门栈道之险，疆宇骤蹙的唐王朝，督东南租庸之汉水达洋州，输于扶风，全赖江淮财赋赡养，以济中兴。

公元 763 年，安史之乱被敉平，然余烬犹炽，河南北藩镇跋扈，自除官吏，唐王朝随之陷入军阀割据，供赋不贡的四分五裂状态。从殷周至隋唐 2400 多年来中国经济最发达的黄河中下游两岸失去了昔日的优势，中国经济重心开始移向南方。

吕思勉《隋唐五代史》评论道：“由于失去对华北平原的控制，受害较轻的长江和淮河流域的几个道，随着北方人口的大量迁入和生产力的稳定增长，成为朝廷收入的主要来源，取得了新的关键性地位，输送粮帑金缯的运河体系成为朝廷绝对的生命线。”又

① 王学泰：《游民文化与中国社会（增修版）》，山西人民出版社 2014 年版，第 77 页。

言："隋唐之世变迁最大者，为江域之财力及其文物超出于河域之上，观天宝乱后，唐室恃江淮之财赋为命脉，五代之世，金陵之文物，运非汴、洛所及"。陈寅恪《唐代政治史述论稿》亦云："自安史之乱后，长安政权得以继续维持，除文化势力外，仅持东南八道财赋之供给，至黄巢起义，军阀混战即将此东南区域之经济全面破坏，复断绝汴路、运河之交通，而奉长安文化为中心，仰东南财税以存立之政治集团，遂不得不土崩瓦解。"

唐乾元元年（公元758年），于江南东道置——浙江西道和浙江东道方镇；公元785年，贞元后，浙江西道领润、苏、常、杭、湖、睦六州，浙江东道领越、衢、婺、温、台、明、处七州。此时，"上海"属浙江西道苏州、华亭县、昆山县。

公元907年，中国历史进入五代十国时期，占有两浙及福建部分地区的吴越国王钱镠（唐末为浙江西道镇海军、浙江东道镇东军节度使）表建中吴军治苏州；石晋天福五年（公元938年），吴越国王钱元瓘奏析杭州嘉兴县置秀州，割华亭县隶秀州。钱氏立国八十余载，吴越五王继世，整治河网，保境安民，致力水利建设；编竹为笼，笼内装石，积叠垒堤，再于其外打大木桩，创"石囤木桩法"，修筑"捍海塘"。两浙由此"岁交丰稔，库存充盈"，太湖流域经济得到了进一步发展。

（四）头角峥嵘的宋元商港

公元979年，北宋统一。淳化五年（公元994年），废道，分天下为15路，辖9府、250州，49军、11监，统1162县；后增至

26路，辖38府、254州、54军、4监。① 此时，“上海”吴淞江南之华亭县地属两浙路秀州，吴淞江北属两浙路苏州昆山县。政和三年（公元1113年）升苏州为平江府。

这时的长江下游人口已跃居全国古扬州、河南、古梁州、河北、古荆州、关内、岭南七区之首位。华亭县户数达5.49万，4倍于建县之初；青龙镇烟火万家，有36坊和22桥，航运贸易相当繁盛。熙宁十年（公元1077年），华亭县城税收10618贯，青龙镇税收达15897贯，被称作“小杭州”。②

华亭县以东海滩成了重要盐场，农、渔、盐民聚居的村落日益增多。公元1032年（天圣十年），在这里设立了征收酒税的“上海务”。政和三年（公元1113年），在华亭县设市舶司；政和四年改青龙镇为通惠镇，以示通商互惠之意。

上海地区的成陆过程，经考古工作者的辛勤调查和发掘，其大致脉络已基本理清：5000—6000年前，上海的海岸线遗址北起娄塘，中经嘉定城中、南翔，闵行的诸翟、俞塘，南抵奉贤的南桥西至柘林。1300年前，上海的海岸线遗址北起宝山区的盛桥、月浦，中经浦东新区的北蔡，南抵南汇的周浦、下沙、航头。1000年前，上海的海岸线遗址则北起浦东新区的高桥以东，中经顾路、龚路、川沙镇，南抵南汇的惠南镇、大团，向西延伸到奉贤的奉城、柘林。因此可以推定，今上海市全境在宋初已基本成陆。

---

① 贺曲夫：《中国当代省制改革展望》，中国经济出版社2011年版，第69页。

② 唐振常主编：《上海史》，上海人民出版社1989年版，第25页至第29页。

南宋分两浙路为西、东两路，庆元（1195—1201 年）初，升秀州为嘉兴府；宁宗嘉定十年（公元 1217 年），析昆山县东境五乡置嘉定县；“上海”吴淞江以南属两浙西路嘉兴府华亭县，吴淞江以北则属两浙西路平江府嘉定县。

南宋两浙西路时期，苏、湖一带“其壤沃、其田腴”，改种从越南传入的“不择地而生”、成熟期短的占城稻之后，部分地区一岁可以收获两季，丰年亩产达 5—6 石，因而有“苏湖熟、天下足”的谚语。

由于吴淞江上游淤浅，下游缩狭，海舶无法溯沪渎直抵青龙镇，逐渐碇泊于华亭县以东的上海浦右侧，即今黄浦区小东门十六浦岸畔。南宋咸淳三年（公元 1267 年），于上海浦设上海镇，青龙镇作为长江口主要港口的地位逐渐为上海镇所取代。

有史家考证：两宋 300 余年，中国北方经济不仅始终未能获得汉晋隋唐那样休养生息与恢复振兴的良好机遇，而且由于战争创伤因素，河淮水患因素、制度倒退因素等诸多不利条件综合作用雪上加霜的致命打击、自然与生态环境不断恶化，人口增长相当缓慢。根据《宋史 · 地理志》所记：北宋崇宁年间（公元 1102—1106）之户数，长江下游为 707. 7 万，占全国总数 1/3 以上；河南约 215 万、长江中游 200. 5 万、上游 199 万、河北 181 万、关内 145 万、岭南 81 万。河南、河北、关内北方三区户数 541 万，仅为长江下游户数的 76. 44% 。

公元 1297 年，元灭南宋统一全国，设中书省和 11 行中书省；

后增加至16行中书省，辖185路、23直隶府、62直隶州，统10散府、297散州、4军、15安抚司；又设宣政院、宣政司等管理境内藏族和其他少数民族。① 中国现行省制创立于元朝，历经世祖、成宗、武宗三朝实践、完善和推广，逐步成为地方最高一级行政区建制。

元初置江淮行省于扬州，又称扬州行省或淮东行省，统领淮东、淮西和浙东、浙西地区；至元二十一年（公元1284年）迁治所于杭州，改称江浙行省；至元二十三年（公元1286年），迁治所回扬州；至元二十四年（公元1287年）改称江淮行省；至元二十六年（公元1289年）又迁治所至杭州；至元二十八年（公元1291年），以长江以北诸路隶河南江北行省，改江淮行省为江浙行省。

公元1277年，至元十四年，置华亭府，置崇明州（属扬州府）；至元十五年（公元1278年）改华亭府为松江府，属嘉兴路，至元二十九年（公元1292年）直隶江浙行省。

上海镇在元代得到进一步发展。除渔盐、蚕丝、稻米外，又从闽粤引进棉种，迅速发展植棉业和棉纺织手工业。上海乌泥泾人黄道婆从海南岛带回黎族人民传授的棉花加工新法，改单锭手摇纺车为三锭脚踏纺车，提高了轧棉、弹花、纺纱的产量和质量，棉纺织手工业的技术革命又进一步带动植棉业的发展；同时，海运漕粮的沙船业也获得了积极发展。

---

① 贺曲夫：《中国当代省制改革展望》，中国经济出版社2011年版，第69、70页。

至元十四年（公元1277年），在上海镇设立具有海关、港口管理、对外贸易职能的市舶司。上海市舶司遂与广州、泉州、温州、杭州、庆元（今宁波）、澉浦并列为全国七大市舶司，号称有“海船数千、梢水数万”；上海镇也因此一跃而成“蕃商云集”的滨海大港。上海镇内商局、漕运万户府、贮粮太平仓、酒务、商务、巡检司、水驿、急递铺等官方机构一应俱全，街市榷场、酒肆、军隘、儒塾、官署、佛官、仙馆、甿廛、贾肆鳞次栉比。

按元制，江淮以南逾3万户为上县，而此时的上海镇已领户6.4万，人口达数十万。至元二十八年（公元1291年），由上海镇海运漕粮152.7万石到大都，本地以航海为业的居民达5675人，占总人口的1.5%。①

至元二十九年（公元1292年），朝廷准松江知府仆散文奏请，析华亭县东北高昌、长人、北亭、海隅、新江五乡置上海县，治上海镇。元贞三年（公元1296年），升平江路嘉定县为嘉定州；“上海”地区除崇明县外，分属江浙行省松江府华亭县、上海县和江浙行省平江路嘉定州。至正十年（公元1350年），元末红巾农民起义爆发，接着又有河南、山西、关中军阀连年交兵，北方又一次陷入大规模战乱。

（五）明清岁月的崛起腾飞

公元1368年，明太祖朱元璋统一中国，定都南京。公元1382

① 李俊源等主编：《中国商业史教程》，中国商业出版社1993年版，第211页。

年，设1京师和13布政使司，辖120府、41直隶州、11军民府，2宣慰司、2宣抚司、1安抚司、3长官司、2羁縻府、4羁縻州。[①]洪武二十六年（公元1393年）北五省（北平、山东、山西、河南、陕西）和京师直隶的淮北部分，有户245万，约占总户数的23%；而南八省（浙江、江西、湖广、福建、四川、广东、广西、云南）和京师直隶的淮北部分，有户820万，约占总户数的77%。[②]

永乐元年（公元1403年），全国在籍人口约6659.8万。明成祖朱棣迁都北京后，永乐十八年（公元1421年），设两京（南、北直隶）和13布政使司（不包括交趾布政使司），合称15省（并于东北和青藏设2个相当于布政使司的都司）；其时，秦岭、淮河以南的布政使司有10个，占66.6%。这反映了明代政治、军事中心虽在北方，但经济和生产中心已进一步移向南方。

此时，"上海"地区的华亭县、上海县属南直隶松江府，嘉定县属南直隶苏州府，崇明县属苏州府太仓州。嘉靖二十一年（公元1542年），析华亭县二乡和上海县西北的北亭、海隅、新江三乡置青浦县，治青龙镇，嘉靖三十二年罢废。万历元年（公元1575年），复置，移治所于唐行镇（今青浦区城厢）。

值得注意的是，"元人北归，屡谋兴复，永乐迁都北平，三面近塞，正统以后，敌患日多"，为了防御游牧民族入侵，京畿驻军，

---

① 贺曲夫：《中国当代省制改革展望》，中国经济出版社2011年版，第70页。

② 路遇、滕泽之：《中国分省区历史人口考》，山东人民出版社2006年版，第1041页。

号称百万，东起鸭绿江、西至嘉峪关一线，辽东、蓟州、宣府、大同、山西、延绥、宁夏、固原、甘肃九镇屯兵亦达 80 余万。唐末以来，北方经济令人痛心疾首的衰落，使得明代京都 200 多万军民和九镇近百万将士衣食不得不仰给东南。几百万朝廷供养人口生活消费和物资消耗形成的巨大需求，产生了增加东南税饷负担和促进东南经济发展的双重作用。明代太湖流域和上海地区人民遭遇的封建剥削达到了几乎难以承受的极限。

王士性《广志绎》云："苏、松赋重，其壤不与嘉、湖殊也，而赋乃加其什之六。今总吴中额赋：苏州府县八，至二百二十六万四千石；松江府县三，至九十五万九十石。嘉光府县七，止六十一万八千石；湖州府县六，止四十七万石。常、镇比嘉、湖虽过十之三，比苏、松尚少十之六……毕竟吴中百货所聚，其工商贾人之利又居农之什七，故虽赋重，不见民贫。然吴人所受粮役之累，竟亦不少，每每佥解粮头，富室破家，贵介为役……东南民力良可悯也。"①

顾炎武《日知录集释》云："承元末大乱之后，山东、河南多是无人之地。韩愈谓赋出天下，而江南居十九。以今观之，浙东西又居江南十九，而苏、松、常、嘉、湖五府又居西浙十九也。考洪武中，天下夏税秋粮以石计者，总二千九百四十三万余，而浙江布政使司二百七十五万二千余，苏州府二百八十万九千余，松江府一

① 谢国桢选编：《明代社会经济史料选编（校勘本）》，福建人民出版社 2004 年版，第 245 页。

百二十万九千余，常州府五十五万二千余。是此一藩三府之地，其田租比天下为重，其粮额比天下为多。”① 顾炎武又提道：“今国家都燕，岁漕江南米四百余万石，以实京师，而此五府者，几居江西、湖广、南直隶之半。苏州府见额二百五十万石，松江府见额一百二十万石。然在宋时，苏州不过三十余万也，松江不过二十余万也。即有元增赋，苏州亦八十余万而止，松江亦七十余万而止，是今之赋额较宋浮至七倍，比元亦浮至三倍……不特此也，即如湖广（湖北、湖南）省额征二百三万，而苏州一府之数浮之；福建省额征一百万有奇，而松江一府之数浮之。”②

徐光启《农政全书》亦云：“松江府所繇共百万之赋，三百年而尚存视息者，全赖以一机一杼而已。非独松也，苏松常镇之布帛枲纻、嘉湖之丝纩，皆恃此女红末业，以上供赋税，下给俯仰，若求诸田亩之收，则必不可办。”③

在自身人口繁衍和朝廷重赋压力驱动下，由于种棉一亩销售收入约为种稻一亩的2—3 倍，唯有以花成布，以布贸银，以银市米，才能足额缴纳漕粮和免于饥寒。太湖流域农业生产结构遂逐渐从单一粮食种植向经济作物种植转变，苏松地区棉花种植面积不断扩大，松江府各县“农民种稻者不过十之二三，图利种棉者则十有七八”；棉纺织手工业也因此飞速增长。

---

① （清）顾炎武：《日知录集释》，上海古籍出版社 2014 年版，第 232、233 页。

② （清）顾炎武：《日知录集释》，上海古籍出版社 2014 年版，第 233 页。

③ 刘建生、燕红忠、张喜琴：《明清晋商与徽商之比较研究》，山西经济出版社 2012 年版，第 197 页。

尽管棉纺织品仍主要依靠一家一户农民生产，但滴涓成泉，松江一地，每人每天可织一匹，品种、规格繁多的标布、中机布、扣布、稀布亦达到了“日出万匹”的水平，“而纺织不止村落，虽城中亦然”。有资料记载：松江府诸县“木棉文绫，衣被天下”，日售棉布5—10 万匹，年上市棉布2000 余万匹。标布主销黄河流域，以出于三林塘者为最精，周浦次之；中机布主销长江中游；除此另有部分棉布运销海外，“大抵日本所需皆产自中国”。①

随着经济结构转变继续深入和区域专业生产分工不断发展，太湖流域在丝织、棉纺主导产业确立之后，“苏湖熟、天下足”的粮食生产中心地位日益西移至“湖广熟、天下足”的鄱阳、洞庭、江汉平原，太湖流城也成为国内最大的粮食、布匹、丝绸与棉花交易市场。

上海本地自产稻米，不足所食，未敷消粮之数，大部分购自江西、湖广，“吴所产出米源不足供本地食用。若江（江西）广（湖广）之米不特浙属借以济远，即苏属亦望为续命之膏”。上海本地自植原棉也不足所用，大部分市于山东、河南，“北土广树艺而昧于织，南土精织而寡于艺，故棉则方舟而鬻于南，布则方舟而鬻于北”。

除了棉纺织业，航运业也是上海地区的重要经济支柱，只不过因吴淞江下游淤塞严重，船舶进出困难，上海港航运业务曾一度衰

① 晁中辰：《明朝对外交流》，南京出版社 2015 年版，第 317 页。

落，而以郑和下西洋船队锚地——长江下游南岸浏河港（当时属嘉定县）为上海地区主要海港。

同时，明代太湖流域和上海地区经济、文化也跃上了一个前所未有的高峰。莫照咏《苏州赋》曰："拱京师以直隶，据浙江之上游，擅田土之膏腴，饶户口之富稠……城连万雉，列巷通衢，华区锦肆，坊市棋列，桥梁栉比，梵宫连宇，高门甲第。货物所居，珍奇所聚，歌台舞榭，春船夜市；远士巨商，它方流妓，千金一笑，万钱一箸。所谓海内繁华，江南佳丽者。"①

当时中国工商业繁荣城市，除去南、北两京，大致分布在长江中下游江南地区、东南沿海和运河两岸，而以长江中下游江南地区最为繁华，江南繁华又主要集中在太湖流域的苏、松、杭、嘉、湖五府。五府地区相继出现了一批商业和手工棉纺织业、丝织业发达、人口显著增加的市镇，如松江府的枫泾、朱泾、朱家角镇，苏州府的盛泽、震泽镇，嘉兴府的濮院、王江泾镇等。市镇人口已不仅是本地居民，更多的是外来商贾、小手工艺者和流民，有些流民已受雇佣成为手工业工人。此外，松江府还零星出现了"银租"，随着田税、税役、商税、手工业税、海关税大部分都用银折纳，商品货币经济发展开始了从实物地租向货币地租转化。

"里姐晨抱纱入市，易木棉归，明旦复抱纱以出，无顷刻闲；

---

① 宋莉华：《明清时期的小说传播》，中国社会科学出版社2004年版，第21页。

织者率日成一匹，有通宵不寐者。"[①] 上海地区人民在千辛万苦拼命发展经济，同时也创造了灿烂文化，其代表人物有：

——农家子弟徐光启（1562—1633），官至东阁大学士、礼部尚书，并参机要；既是勤劳国事的政治活动家，又是农学、天文学、数学造诣极深，最早主张并亲自实践介绍和吸引西方科学技术的大科学家。他曾被竺可桢先生视为无论在知识和实践经验方面，还是在事业和品格方面都超过了同时代"实验科学之父"、英国著名哲学家弗兰西斯·培根的典范。

——历史学家王圻，嘉靖四十四年（公元1565年）进士，著《续文献通考》254卷。

——书画大家陆深、华亭画派巨擘董其昌。

——几社领袖陈子龙（1608—1647），文学家，编《皇明经世文编》。

——文学家夏允彝和其子少年英雄夏完淳。

——专治奇异病症的一代名医李中祥。

——大藏书家陶宗仪，等等。

后人检索，自永乐初至崇祯末，历任朝廷宰辅的内阁大学士共168人，得籍贯上海地区者3人。

康熙二十三年（公元1684年），清王朝统一中国。此后，清承明制，初设1直隶，14布政使司；康熙初增至18布政使司，旋改

① 陈国灿主编：《江南城镇通史（明代卷）》，上海人民出版社2017年版，第58页。

布政使司为省，合称内地18省，在边疆设5将军辖区、2办事大臣辖区和1内蒙古地区，共26个省级地区；至清末，共设23省（不包括被日本侵占的台湾地区）和乌里雅苏台将军辖区、内蒙古地区以及西藏、西宁两个办事大臣辖区。

顺治三年（公元1640年），谕户部稽核钱粮原额，汇为《赋役全书》，悉复万历之旧。顺治十三年（公元1656年）析华亭县地置娄县，与华亭县同治一城。康熙六年（公元1667年）分江南省为江苏、安徽两省。雍正三年（公元1725年）升太仓州为江苏省直隶州，割苏州府嘉定县属太仓州，析吴淞江以北嘉定县东境置宝山县，析华亭县云间、白沙二乡之半置奉贤县，析娄县南境置金山县，析上海县长人乡置南汇县。

清王朝在省一级以下设道，为省之派遣机构；道分两类：一为分守道，负责辖区若干府县行政事务；一为分巡道，负责某一部门具体事务，如提学管教育、河工管水利，不过有时也可受省委托自主处理地方事务，发挥重要监察作用。雍正八年（公元1730年），朝廷就允准江苏奏请，移分巡苏松兵备道驻上海，兼理海关事务。乾隆六年（公元1741年）裁太通道，将太仓直隶州并入统辖，称分巡苏松太兵备道。乾隆三十一年（公元1766年）将苏州府改归苏松粮储道（驻常熟），称分巡松太兵备道。嘉庆十三年（公元1808年），仍将苏州府还属于道，复称分巡苏松太兵备道。嘉庆十五年（公元1810年）析上海县高昌乡及南汇县长人乡部分地区置川沙厅。

上海地区属江苏省，吴淞江以南之华亭、上海、青浦、娄县、金山、南汇、奉贤、川沙厅属江苏省松江府；吴淞江以北之嘉定、崇明、宝山县属江苏省太仓州。由于南汇县和川沙厅的划出，上海县面积从元代设县时的2000多平方公里，减少到约600平方公里左右。

有史家统计：顺治八年（公元1651年），中国人口实际数字约6000万；乾隆五十八年（1793年），中国人口猛增到3亿以上。① 长江下游人口占全国比重从汉隋第五位、唐朝第三位，到宋之后一直占全国首位，经济发展水平亦居全国第一。清《江南通志》云："国家鼎建两京（北京、盛京）之外，分省一十有四，而江南（江苏、安徽）最为重地……国之大计，以财用为根本，而江南田赋之供，当天下十之三；漕糈，当天下十之五；又益以江淮之盐荚，关河之征榷，是以一省当九州半未已也……物产之富甲于海内……江左人物，遂为天下先。"

计天下之财赋，惟江南、浙江、江西为重，三省中尤以苏、松、嘉、湖诸府为最。根据瑞士历史学家保尔·贝洛什按1960年美元价格折算估计：1800年，西欧人均国民收入约213美元，美国人均国民收入260美元，而中国人均国民收入约228美元。②

清中叶，太湖流域丝绸、棉纺织手工业进一步发展。在棉布外

---

① 周育民：《中国秘密社会史论》，北京商务印书馆2013年版，第11页。

② （法）布罗代尔著，顾良、施康强译：《十五至十八世纪的物质文明、经济与资本主义》第三卷，生活·读书·新知三联书店2002年版，第617、618页。

销、棉花采购与置备回程货物需求刺激下，上海商业、航运和转口贸易日趋兴盛。南北物资交流悉藉沙船，每日满载各地土货而来，买取上海所有百物而去。雍正六年（公元1728年），上海已有沙船11帮，每帮俱有沙船三、五百号。乾嘉间，上海乍浦诸口有善走关东海船五千余艘，本地约三千五百艘，大号沙船可载三千石（约180吨），小号沙船可载一千五六百石，繁忙时，一天之内有上百号沙船启碇。嘉庆五年（公元1803年）会通河塞，漕运不畅；道光五年（公元1825年），议复海运，由上海雇商转船江苏漕米一百六十三万石济京师，漕运遂成为上海港一项重要业务。①

其时，由上海出发，有多条航线：（一）“北洋航线”，可至芝罘（今烟台）、天津、牛庄（今营口），年货运量约50—60万吨；（二）“南洋航线”，可至浙江、福建、台湾、广东，年货运量约20—30万吨；（三）“外洋航线”，可至朝鲜、日本及东南亚，年货运量约5万吨；（四）“长江航线”，可至安徽、江西、两湖，年货运量约30万吨；（五）“内河航线”，可至苏、杭、扬州，沿运河直抵山东临清、济宁及河南、河北，年货运量约20万吨。

19世纪，上海县人口50余万，每年多则140万吨、少则120万吨运量的货物，扣除约十万吨漕粮为本地消费所用，绝大部分为转口贸易所需。根据相关志书记载：“凡货运贸易皆由吴淞口进泊黄浦，城东门外舳舻相衔，帆樯比栉，不减仪征、汉口”；“闽、

① 吴士余：《清史明鉴录》，中西书局2014年版，第158页。

广、辽、沈之货，鳞萃羽集，远及西洋暹罗之舟，岁亦间至。地大物博，号称繁剧。诚江海之通津，东南之都会也”。① 以仪征、汉口比附上海县，其非视小也，须知清季仪征“是时盐纲皆直达，东自泰州，西极于汉阳，转运半天下焉……列樯蔽空，束江而立，望之隐若城郭”，而汉口“地当孔道，云贵、川陕、粤西、湖南，处处相通，本省湖河，帆樯相属”，盐、米、木、花布、药材、粮食之行“不舍昼夜”，两者均为彼时货运贸易之枢纽。②

在商品经济迅速发展推动下，上海县城出现了办理银钱兑换、存放业务的金融机构——钱庄和钱庄同业公会，以及许多客商同乡组织和行业组织，如山东、徽宁、泉漳、潮州、四明会馆、公所，商船、布业、药业、京货帽业、北货等商会。据史家统计，明清以来上海地区新增大小市镇150余个，市镇居民多者几千户，少者几百户，主要从事棉纺织业和商业，农业人口比例明显下降。

其时，文化发展也达到了全国领先水平，代表人物有：

——乾嘉历史考据学派大家，著《廿二史考异》《十驾斋养新录》《潜研堂文集》、被誉为“学通天人、博极古今”的嘉定钱大昕（1728—1804）和精于经学、对东汉郑学尤有研究、著《十七史商榷》100卷的王鸣盛（1722—1797）。

——著名画家吴历（原籍常熟），寓居上海30年。

① 周远廉、孙文良主编：《中国通史》第十卷，上海人民出版社2015年版，第505页。

② 赵启林主编：《中国盐文化史》，大象出版社2009年版，第437页。

——明史编修、《江南通志》总裁、戏曲家华亭黄之隽。

——戏曲家，著《八宝箱》《诗中圣》《双翠圆》的华亭夏秉衡。

从元至治元年（公元1321年）至清道光年间，上海县考取进士者有193人。

三、水文治理

明代为消除苏松水患，综合治理吴淞江水系的江浦合流工程，极大地影响了明清至今600多年来上海地区的经济繁荣与社会发展。

吴淞江源出太湖，古名松江、松陵江（元朝升华亭县为松江府治，改曰吴淞江），与娄江（今浏河）、东江（今黄浦江）并称“三江”，是太湖的主要泄洪通道。“三江之中，松江最大，上承太湖，直流注海，湍悍清驶，海潮不得停滞，故三吴少水患”；后因不断淤塞，河道变为曲折，渐有“五汇二十四湾”之说，然唐时犹“阔二十里，宋时阔十里”。

唐朝中叶，8世纪以后，青龙镇以西的白鹤汇和以东的盘龙汇两段曲流，汛期经常泛滥；北宋中叶，10世纪以来，屡经疏决，未得其要。宋仁宗宝元元年（公元1038年），转运使叶清臣在松江中游北岸开新江以取代盘龙汇排泄洪水。嘉祐元年（公元1061年），昆山宰臣韩正彦在盘龙汇上游的白鹤汇亦开新江，通过两次裁弯取直，使黄渡以上松江河道缩短约 35 公里。崇宁四年（公元 1105 年），漕使郏亶再次浚治白鹤汇，从此太湖洪水又能够比较顺畅地北经新江流入长江，白鹤、盘龙两汇自此号“旧江”（今虬江即其音转），成为松江南岸岔流，称“青龙江”（今又名东大盈浦）。

庆历二年（公元 1042 年），为方便漕运，在吴淞江、太湖之间修吴江长堤，横截江流五六十里。庆历八年（公元 1048 年），为方便行人，复在太湖胥口建利往桥。堤、桥落成，江流趋缓，年深日久，江岸茭芦丛生，源头出现堙塞，下游则因长江、东海涨潮带来的泥沙不断淤积，再加富豪势力之家任意霸占水面，或筑桥坝，或圈鱼塘，或垦良田，致使松江河道缩窄加快，由“阔二十里、十里”减至五里、三里……至元代又随浚随塞，每逢积雨，众流崩溃。

太湖流域赋税半天下，《读史方舆纪要》云：“夫三江之通塞系太湖之利病，太湖之利病系浙西之丰歉，浙西之丰歉系国计之盈缩。”是以明初浙西大水，有司衙门特地治当地庸吏以不效之罪。永乐元年（公元 1405 年），明成祖朱棣命户部左侍郎、德才兼具的夏元吉治吴淞江。次年，在夏元吉主持下，决定放弃疏浚吴淞江中下游河道，改为疏浚吴淞江两侧河道，以减轻吴淞江正流泄洪压力，并先后动用 20 万民工投入工程：一方面浚常熟白茆、福山塘、耿泾，导昆承、阳城诸湖水入长江，浚吴淞江北岸支流夏驾浦、顾浦、吴塘等，分吴淞江水经浏河入长江；另一方面利用原有的宋家浜（即今自北新泾到外白渡桥的吴淞江河道）和东面的范家浜

（即今外白渡桥以东至吴淞口的黄浦江下游河道）相接；同时，又疏浚范家浜，使其上通大黄浦、泖湖，形成一条以大黄浦——范家浜——南跄浦为主干的黄浦江河道，以取得三流分洪之效果。

这里提到的黄浦江，亦源出太湖，古名“东江”，最初从海盐附近杭州湾入海，后由于历代修建海塘，出口一再被堵，发生过多次改道：先改从金山卫附近入海；又改从旧地在今闵行区闸港，南汇与奉贤两区交界处入海；复改东北流，纳金汇港、闸港、周浦等水从南跄浦口（吴淞江旧江江口与范家浜水出口，今已湮灭，支流东沟、西沟尚存，可推定其旧址在今浦东新区最北端长江畔）入长江。

历史上第一次出现“黄浦”的名称，似乎在南宋乾道七年（公元1171年），时称“黄浦塘”。淳祐十年（公元1250年），在西林积善寺碑记中，方正式有“黄浦”之名。到元代，因河道渐宽，遂有“大黄浦”之称。

不过可惜的是，夏元吉治水未遑治理的夏驾浦口至南跄浦口的吴淞江下游河道仍经常泛滥成灾。天顺二年（公元1458年），巡抚崔恭决定放弃从白鹤北经嘉定下家渡到庄家泾一段吴淞旧江，在西起大盈浦口往东经北新泾至吴淞江巡司（今潭子湾附近）的吴淞江南岸另开新河（即今吴淞江正流河道），潭子湾以下吴淞江仍沿旧江河道东流至南跄浦口入长江。

正德十年（公元1515年），又疏浚北新泾至曹家渡河道，引吴淞江水入宋家浜。

嘉靖元年（公元1522年），巡抚李充嗣浚吴淞江旧江西起夏驾浦口，东至嘉定龙王庙旧江口（今封浜镇境）一段，并开凿新河道，将吴淞江南移宋家浜，即今吴淞江下游河道。

隆庆三年（公元1569年），巡抚海瑞疏凿起自黄渡终于宋家桥（今吴淞江福建中路桥）一段40公里新江河道后，吴淞江下游乃全线改入今道。江浦合流之交汇点亦南徙三十余里从南跄浦口移至陆家嘴对岸（今外白渡桥）附近。

昔日汛期波澜壮阔，水势浩大的吴淞江自此不再独流入海，成为黄浦江的一大支流；黄浦江亦从此成为上海地区水系的主流和沟通国内外水上运输的主动脉，吴淞江的入海口亦从此成为黄浦江的入海口。

黄浦江水量并不很大，年平均流量仅300多立方米/秒，可是能够通过从长江涌入几十倍于自身流量的海潮，获得使万吨巨舟乘潮进入下游宽深河漕、直达两岸泊位的丰沛水量。可以说，上海繁荣昌盛离不开上海港，可是上海市区并不直接靠海，离吴淞口也有二、三十公里，全凭着黄浦江优良自然条件，才使上海港成为世界驰名“东方大港”，从这一意义上说，若没有江浦合流、沟通开凿黄浦江，也就不会有今天的上海港。

江浦合流功在当代、泽及子孙，凝聚着宋、元、明三朝上海与太湖流域劳动人民和中国优秀知识分子与科学技术专家的智慧和奉献，它不仅达到了规划设计追求的缓解太湖下流洪涝灾害的主观目的，而且产生了长时程意想不到的、推动中国经济与社会进步的宏观效益：（一）使中国利用黄浦江、吴淞江可以实现太湖流域星罗棋布的水运网络与长江、运河辐射四面八方的交通体系，与辽鲁、苏浙、闽广的沿海航线更加合理的相接并联。（二）使太湖流域可以成为一个拥有中国最大航运中心，能够西连川蜀，北挽冀鲁，南抵湘沅，东北至辽东，东南至广东，面向世界，优势更加明显的发达地区。尽管人类工程受认识、技术、财力等条件限制，不可能一劳永逸，达到完美无缺境界，亦有议者批评夏元吉等治水创垂未善——“松江为东西横流之大水，势顺流驶，黄浦为南北纵横之小水，势逆流缓，导南北之纵浦，夺东西之巨流，是通其小而塞其大，计一时之近利，忘百世之远图”，但从大历史视野观之，其功绩毕竟还是主要方面。

第三章　上海城市现代化发展的近代转向

一、晚清开埠历程

（一）从鸦片战争到洋务运动

嘉道年间，康乾盛世积弊日益暴露。黄河连年决口，土地高度集中在皇室、勋贵、官僚、大地主阶级手里，人口增长迅速而耕地不足，国内移民四处流动，向海外移民数量达到空前规模；社会习尚浮华，统治阶级腐化奢侈，官吏贪污成风，军队纪律败坏，武器装备落后。自1780年起，英国偷运鸦片输入中国，由每年400余箱猛增至3.5万箱，使中国吸食鸦片人众达200万，对外贸易由年顺差800万银圆变为年逆差800多万银圆。① 白银减少，银贵钱贱，

① 罗书平主编：《中华禁毒史略》，四川人民出版社1997年版，第77、78页。

造成通货收缩，百物跌价。

道光十九年（1839 年），林则徐于广东虎门销毁收缴各国毒贩偷运入境鸦片 110 多万公斤。翌年，英国议会以九票多数通过议案，决定发动侵略中国的鸦片战争，留下了世界历史上一个国家用议会批准的庄严形式，调动正规军队为贩毒集团开拓毒品市场耻辱的一页。1842 年，清王朝战败，与英国签订丧权辱国的《南京条约》及补充条约，割香港岛；开放广州、厦门、福州、宁波、上海五口通商；予英国关税协定权、领事裁判权、片面最惠国待遇；与法、美等国也签订了性质类似的条约。从此，中国开始沦为半殖民地国家，中国人民的革命斗争开始承担起反对外国侵略、反对本国封建统治的双重任务。

鸦片战争时期，上海对英国入侵进行了英勇抵抗，67 岁的老将、江南提督陈化成及麾下许多爱国官兵战死缰场，英国皇家海军占领上海，大肆屠杀人民，抢夺财产，使上海遭受明代倭寇海盗侵入之后的又一次灾难。

1843 年 11 月 14 日，上海正式开埠。1844 年，英美两国就在上海设立了 11 家洋行。1845 年，两江总督与江苏巡抚授权上海道台与英国领事订立《上海土地章程》，英、美、法侵略者开始在吴淞江南、洋泾浜北，洋泾浜南、护城河北与吴淞江河口北岸川洪浜、杨树浦一带建立总面积约 1. 28 万亩的居留地，后演变为租界。其中，英租界面积约 2820 亩、法租界面积约 1124 亩，美租界面积约

8865 亩。[①]

开埠之后，外国商品和资本输入与外国航运业的排挤，一方面造成上海棉纺织手工业走向衰落和沙船业陷入困境，使失去饭碗的棉纺织手工业者、沙船水手与乡村破产农民大量涌入上海县城谋求生计；另一方面，外国商品、资本、轮船体现着一种新的社会生产力，在它楔入中国之际，也带来了资本主义先进生产方式与先进科学生产制造技术及管理知识，刺激着上海内外贸易、金融、交通运输、轻纺与机器制造以模仿的形态，不断嫁接新的生产力并向前发展。

据统计，上海对外贸易增长迅速，1852 年，上海进出口总额 1600 万元，开始接近中国对外贸易中心广州。1853 年，上海进出口总额超过广州。1854 年，外商在上海开设的洋行发展到 120 家。1855 年，上海进出口贸易总额为广州的 2.58 倍，绝对值高于广州 1600 万元。1860 年，清王朝设总理各国事务衙门，以两江总督兼领驻上海的南洋通商大臣，掌管五口通商及涉外事务，表明上海口岸不仅在事实上而且在国家重视程度上，均已成为中国对外贸易中心和最大商埠。

外国洋行在上海购买中国丝茶和输入鸦片、呢绒、棉布的贸易活动，离不开金融支持，1848 年，东方银行上海分行开业；接着，以英国银行为主的有利、麦加利、汇丰、法兰西等十几家外国银行

① 《上海词典》编委会编：《上海词典》，复旦大学出版社 1989 年版，第 313、314 页。

先后在上海设立分支机构；国人经营国内汇兑业务的票号，也把资金运作的重点从汉口、苏州移向上海，为中国丝、茶出口商提供金融服务，上海的钱庄日趋兴盛。

上海进出口贸易量急剧增大，又形成了需求渐旺的航运、船舶修造和港口业务市场。1856 年，上海开始制造木壳小型轮船，之后英商祥生、耶松等大型船厂陆续设立，带动了码头、船坞、驳运、装卸和仓储业的扩张。1862 年，美商旗昌洋行经营的上海轮船公司建立，英商怡和、宝顺、琼记等拥有船队的洋行相继加入承揽中国长江航运货物的竞争。这些使用中国劳动力的外商近代化企业的创办，标志着中国第一代工人阶级的诞生和中国买办阶层的形成。

但也要看到，外国侵略势力的掠夺，加剧了本国封建统治阶级以急征暴敛手段对人民财产的剥夺，民不聊生的痛苦，在不堪忍受的险恶环境下，积累转化为官逼民反的愤怒。1851 年，太平天国革命运动爆发，捻军与西北、西南回民武装抗清斗争继之，整个中国成了一片四处燃烧起义烽烟的火海。1853 年，太平天国建都南京；同年 9 月，上海小刀会起义，占领县城，响应太平天国革命，县城 2 万多“难民”逃往租界。该年，外国侵略势力乘小刀会起义，海关官吏弃守，窃取了中国海关行政管理权利。

1855 年，外国侵略势力帮助清王朝镇压小刀会起义，通过勒索回报，在上海攫取了更加广泛的利益。1856 年至 1860 年，英法发动第二次鸦片战争，侵入北京，焚毁圆明园，强迫清王朝与英法签订进一步开放长江、沿海口岸、允许鸦片公开进口等苛刻款项的

《天津条约》和《北京条约》；沙俄也趁火打劫，强迫清王朝与其签订割让黑龙江以北和乌苏里江以东广袤国土的《瑷珲条约》和《中俄北京条约》。

在反动派集中全力镇压太平天国波澜壮阔革命运动的十多年里，作为清王朝围剿太平天国革命运动主战场的长江中下游地区蒙受了巨大破坏，仅人口减少就将近2000万，武昌、苏州、杭州、南京、扬州等中心城市和九江、芜湖等重要城市，都曾被清军和外国雇佣军洗劫一空。落入外国侵略势力控制的上海租界，成为长江中下游不仅未受兵戈摧残而且经济呈跳跃发展的唯一繁荣都会，进一步显现出无与伦比的竞争优势与独占鳌头的辐射功能，吸引了苏、浙、闽、广和国内外经济、文化及各种稀缺资源向上海租界汇流。

1860年，太平军击破清王朝江南大营精锐，占领江、浙，两路官僚、地主、富豪、士绅和30万百姓涌入上海租界。1862年，寓居上海租界的“难民”数量突破50万，“通省子女玉帛之所聚”的人口与财富迅速膨胀，带来市场消费飙升和土地价格狂涨。

1862年，英、美租界合并为公共租界，法租界面积也进一步扩大，租界当局以占租界人口98%以上的中国居民缴纳土地、房屋税捐和各种店铺营业、货物交易，劳动者摆摊、做工以及烟、赌、娼馆缴纳捐税获得的财政收入，进行道路、桥梁、沟渠、街灯等一系列公共基础设施的建造和修整，使租界逐渐展现出极具典型性的条约口岸城市的现代化风貌。1865年，中国第一家煤气厂在租界投产供气；1870 年，英商大北电报公司成立；1871 年，租界与世界各大商埠进行通信联系的海底电缆开通；1873 年，吴淞江铁木结构桥梁陆续兴建；1876 年，吴淞铁路有限公司动工铺设中国第一条铁路（为窄轨铁路、全长约 20 公里）；1881 年，英商电话公司成立；1882 年，中国第一家发电厂在租界供电，等等。

在第二次鸦片战争的打击下，清王朝意识到国运危若累卵，如果继续抱残守缺，遵循祖宗成法，必然祖业倾圮，宗庙邱墟，遂于 1861 年酝酿实施洋务新政。1864 年，太平天国革命运动失败，清王朝借此绝处逢生转机，急欲抓紧发展“坚船利炮”的军事工业与“制艺精纯”的民用工业，实现“师夷长技”、图强致富的自我振兴。

上海与上述清王朝自我振兴行动同样密切相关：1864 年，李鸿章在上海创立国内规模最大的军事工业企业——江南制造局，此局先后又建成机器厂、木工厂、铸铜铁厂、熟铁厂、锅炉厂、轮船厂、枪炮厂、火药厂、炮弹厂、水雷厂、炼钢厂，到 1890 年工厂占地面积已达 500 多亩；1872 年，在上海创立轮船招商局，“承办漕粮、兼揽客货”，中国第一批官费生在上海出国赴美留学；1876 年，在上海创立机器织布局，历经十余年拥有纱锭 3.5 万枚、布机 530 台，可年产棉布 400 万码，棉纱 100 万磅；1881 年，在上海创立电报分局，等等。洋务企业的出现，标志着中国工人阶级第一代产业工人诞生和官僚资产阶级的形成。

在此前后，中国民族资本新式商业企业和新式工业企业也相继于上海开办：1850 年，洋广杂（百）货铺广升祥号营业；1850 年左右，同春字号洋布纱庄揭牌；1862 年，顺记洋什（五金）货号挂匾；1866 年，发昌号机器厂营业；1881 年，公和永丝厂揭牌；1889 年，华英药房挂匾；1897 年，中国第一家银行——中国通商银行成立，等等。这些企业移植资本主义生产关系和资本主义市场经济的流通、生产与融资过程，分别代表了中国和上海最早一批由民族资本经营的现代百货、洋布、五金、西药等商业行业与机器制造业和原料加工业，是中国民族资产阶级诞生的象征。

洋务运动时期，外商在上海利用招募中国民间股本投资建立工商企业的种类和数量也有迅速增长，当时外商在中国建立工厂投资将近 2000 万银圆，上海一地就达 1200 余万银圆，约占全国外资总额的 60%。同时，新式工厂的不断创建，使上海成为中国率先进入以机器取代手工业进行社会化大生产的时代。至 1894 年，中国近代化工业工人（不包括采矿业）约 7.8 万，上海约 3.7 万，占全国总量的 46%。①

芽蘖初生的中国资产阶级渴求着加快原始积累，加快资本原始积累意味着收入微薄的工人阶级和艰难困苦的农民阶级必须承受最大牺牲。城市工人每天劳动时间普遍长达十多小时，乡村农副产品销售价格明显低于与其等值的工业品价格和其自身的出口价格。此外，上海开埠经济发展也并非一帆风顺。

---

① 彭贵珍：《南京国民政府时期上海劳资争议研究》，江西人民出版社 2014 年版，第 26 页。

比如，1866年，太平天国革命运动失败后，寓居上海各地绅商各归故里，租界许多地段整条街道人去楼空，购屋造房势头逆转，地价狂跌；伦敦、孟买的金融风潮也波及上海。在内外因素交织袭击下，地产业和建筑业遭到严重挫折，大量在建房屋中途停工，不少外资银行关门撤离，一些码头、仓储被业主废弃。

又如，1883年，上海又一场金融风潮爆发。1878年起，外资银行为扶持外商企业与中国民族资本大企业竞争，逐年收缩对中国钱庄放款，引起钱庄相应收缩对中国贸易、工商企业资金拆借，上海丝业巨头金嘉记和富商胡雪岩等因资金周转不灵而倒闭；接着，又有徐润等经营地产失败，拖累放款的钱庄和存款于钱庄的相关企业跟着遭殃。风潮平息，上海原有钱庄78家只剩下10家，上海企业进口机器设备投资从1882年的22.4万两白银，下降为8.3万余两。①

当然，除了关注工业经济的曲折发展外，人们还应看到上海近代文化教育设施的勃勃初兴。1863年，李鸿章在上海创办以学习各种外语为主、兼习其他西学的广方言馆，在42年的时间里，广方言馆培养了五六百名精熟外语，掌握近代科学技术知识的中国近代外交、教育、文化新型人才。1865年，江南机器制造局附设机械学校；1868年，江南制造局又附设江南制造局翻译馆，聘请徐寿、华蘅芳、徐建寅等人任笔述，伟烈亚力、傅兰雅、玛高温等外国人士

---

① 蒋以任、李锐、李墨龙：《创新：21世纪上海核心竞争力浅论》，上海人民出版社2010年版，第417页。

任口译，广泛介绍西方自然科学与技术、工艺等方面的重要著作，在40年里竟翻译书籍199部。

这一时期由中国民间人士、外国教会及其他外国人士兴建的翻译机构、新式学堂、报纸杂志、文化出版、医疗卫生等事业有了长足进步。崇慕西学蔚然成风，知识分子群体阵容强大，上海无论环境氛围，规模数量或技术手段都超过了其他地方。

（二）从甲午战争到维新变法

洋务运动带来的新式文化教育事业在上海和其他中心城市的发展，向中国人传播声、光、化、电和西方世界的史地国情，打开了博大精深的传统文化的另一个充满智慧的广阔天地。新的观念借助于进口商品、进口设备、外资企业、外商活动等具体事物和具体实例的耳濡目染，改变着口岸城市居民头脑中世代沿袭的传统观念，影响了一代爱国知识分子的思想飞跃，并哺育出号召戊戌维新乃至献身辛亥革命的仁人志士。

以中国资本主义生产方式与阶级关系不断发展为其经济与社会基础的、向西方学习的智力引进，循着军事装备——工业制造——科学理论知识——文化教育设施的轨道渐进，逐步逸出洋务运动倡导者预设的“师夷长技、致富图强、实现王朝自我振兴”的范围，深入到上层建筑之政治、法律的意识形态领域，上升到对封建制度合理性产生怀疑并进行思想批判的层面。

1894年，日本发动吞并朝鲜的征韩战争，攻击清王朝派驻朝鲜阻止日本侵略的中国军队，揭开了中日甲午战争序幕。中国海陆军由于清王朝帝后、满汉、顽固派与洋务派、清议派与实力派，实力派淮系与湘系等统治阶级错综复杂内部矛盾掣肘，再兼自身暮气深重与一些高级将领贪生怕死，先后于黄海大东沟、朝鲜平壤、中国辽东、山东威海一败涂地。1895 年，日本威逼清王朝签订赔款白银 2 亿两、支付辽东赎款 3000 万两、割让台湾、彻底开放中国内地，允许外国在中国租界以外地区投资办厂的《马关条约》。

各方外国侵略势力援引《马关条约》，上海公共租界面积扩展到 3.21 万亩（约 8.35 平方公里），法租界面积扩展到 2135 亩；英、美、德、日投资办厂规模亦迅速增加；1871 年至 1894 年的 23 年间，外国侵略势力在中国仅设厂 16 家，而 1896 年至 1898 年的 3 年间，外商在上海设厂已至 11 家。①

甲午战争结束，帝国主义掀起一轮瓜分中国的狂潮。1897 年，德国武装占领胶州，沙俄占领旅顺，分别以山东和东北为其势力范围。1898 年，英、法、日胁迫清王朝同意将云南、广西和广东作为法国的势力范围，将长江沿岸作为英国势力范围，将福建作为日本势力范围；美国又提出“门户开放”政策，要求在中国享有自由出入各国势力范围的权利。甲午战争期间，清王朝所谓“船坚炮利”新式海陆军的覆灭，撕碎了一切全由官僚把持、营私自肥而事倍功半的洋务运动致强求富的幻想。

面对战争后出现的亡国灭种民族危机，以康有为、梁启超、谭

---

① 曲金良主编：《中国海洋文化史长编（近代卷）》，中国海洋大学出版社 2013 年版，第 298 页。

嗣同等为核心的、代表中国民族资产阶级利益的维新派认为，甲午战争的失败是明治维新的日本君主立宪制度对清王朝君主独裁制度的胜利，是日本脱亚入欧、“和魂洋才”的“彻底西学”对清王朝进行洋务运动、“中体西用”的“不彻底西学”的胜利。连洋务派首领恭亲王奕䜣和参加过甲午战争的将领们亦感到“中国之败，全由不西化之故”。1895 年至 1989 年，在清王朝光绪帝支持下，全国掀起了一轮以维新变法反抗帝国主义瓜分的热浪。

19 世纪 90 年代，开埠达半个世纪的上海已经由富庶的滨海小县，发展成为中国对外贸易、商业、金融、近代工业中心、以及文化教育新闻出版与西学传播中心。早期资产阶级改良主义者如参与过太平天国干王洪仁玕的《资政新篇》酝酿的容闳和受过《资政新篇》影响的冯桂芬、王韬、郑观应、薛福成等，都曾以上海作为著书立说的活动舞台。冯桂芬的《校邠庐抗议》和郑观应的《盛世危言》亦首先在上海问世。在 1899 年前的 50 年里，中国翻译出版西学新书 556 种，其中，上海翻译出版 473 种，几乎占总量的 85%。

1895 年 11 月，康有为在上海成立北京“强学会”分会，出版《强学报》，维新派名流陈三立、张謇、黄遵宪、汪康年、章太炎等相继于上海加入强学会分会。1896 年 8 月，黄遵宪、梁启超等在上海公共租界创办《时务报》旬刊，发表梁启超执笔的资产阶级改良派纲领性文件《变法通议》和赵向霖《开议院论》、汪康年《中国自强策》《商战论》等，猛烈抨击封建专制主义，要求实行君主立宪，抵制外国资本侵略，积极发展民族资本主义。

1895 年至 1898 年，维新派在全国创办报纸近 40 种，其中，有 27 种是在上海编辑、出版和发行的，而《时务报》则是领导戊戌维新思想解放运动的旗帜和灵魂。该时期，严复在天津创办《国闻报》，翻译出版赫胥黎的《天演论》、亚当·斯密的《原富》和斯宾塞的《群学肄言》等西方进化论、经济学、社会学经典著作，为维新变法提供了思想武器，与上海遥相呼应。一时间，北京成为起草维新变法诏令的政治决策中心，而上海和天津成为维新变法的舆论动员与理论研究中心，由陈宝箴任巡抚的湖南则成为维新变法的实践操作中心。

19 世纪末的戊戌维新是上海历史地位的一次飞跃，它使上海在中国历史上获得了前所未有的直接推动中国历史发展的重要性。19 世纪末的戊戌维新也是上海历史伟大转折的起点，它预示着帝国主义、官僚资产阶级与中国民族资产阶级和中国工人阶级力量最集中的上海，将在 20 世纪崛起为中国资产阶级民主革命和无产阶级领导反帝反封建政治、思想、文化革命的前哨阵地。

（三）从庚子国难到清帝逊位

1898 年 9 月 21 日，清王朝以慈禧太后为首的顽固派策动政变，囚禁光绪帝，康有为、梁启超逃亡海外，谭嗣同等六君子遇害，许多赞成维新的官吏遭到驱逐。北方朝局的暂时平定，难以掩盖整个中国社会经济的渐趋动荡。甲午战争后，洋纱、洋布和其他洋货年输入由 1887 年后的 1 亿两白银突破 2 亿两，年贸易逆差 5000 万两。

北方农村自然条件不宜植桑种茶，手工业破产程度超过了有着丝茶出口的南方。同时，外国宗教势力不断侵入，教堂林立北方乡间，外国公使袒护教士强租民房，霸占田产，包揽词讼，教士纵容无赖“教民”鱼肉百姓。

此外，河患旱灾也在严重摧残北方农业生产。咸丰四年（1855年），黄河自河南铜瓦厢改道流入山东，泛滥二十余载；光绪十年（1884 年）才归入现行河道。1877 年至 1879 年，晋、冀、鲁、豫四省遭受特大旱灾和毁灭性旱灾，死亡人口达 1300 多万；1879 年后，黄河多次溃决；1896 年前后，“几于无岁不决，无岁不数决”（从同治元年至宣统三年的 49 年间，黄河决溢有 43 年）。①

由于上海至天津海运和邮电畅通，京津、津榆、京汉铁路卢沟桥至正定段竣工，北方运河日渐淤废，两岸城市衰落，漕船水手、纤夫、脚夫及驿站、商铺失业者达数百万。当时，清王朝一年岁入财赋 8000 万两白银，支出偿还赔款及外债利息约 2000 万两，拨付军费 3000 多万两，投资铁路等洋务建设 2000 多万两，剩余几百万两根本无法维持皇室、京师衙门及供养八旗子弟的开销，唯一的办法就是巧立名目，不顾百姓死活拼命搜刮人民血汗。

戊戌维新夭折，顽固派拒绝改革，统治机构以因循守旧的惯性速度加快腐败，政权危机在官逼民反的形势下以积重难返的崩溃节奏走向深渊。黄河流域中下游地区经济不断恶化，储备了义和团运

① 杜省吾：《黄河历史述实》，黄河水利出版社 2008 年版，第 321 页至 323 页。

动爆发的熊熊烈火。

1899年，义和团运动席卷中国北方，义和团提出了“反清复明”和“扶清灭洋”口号。义和团运动的爆发反映了帝国主义和中华民族、封建主义和人民大众矛盾的激烈对抗，体现了中国人民不可征服的精神力量。1900年6月，义和团控制北京，清王朝剿抚两难，为求自保，遂向帝国主义宣战，采取欺骗手段诱导义和团运动转向“扶清灭洋”的轨道。

1900年8月14日，八国联军攻陷北京。1901年9月，清王朝与帝国主义签订《辛丑条约》，按中国人均罚银一两的标准，赔款白银4.5亿两，并允许帝国主义驻军北京使馆区及京榆铁路沿线。《辛丑条约》赔款分39年偿还，本息总额计白银9.8亿两，清王朝以海关税、内地关税、盐税等除田赋之外的一切主要财政收入用于偿还年度赔款，仍有2000多百万两缺口，必须向全国各省摊派才能足额缴纳。

中国经济处在山穷水尽的崩溃边缘，只剩下一些条约口岸城市的民族经济顶着外国侵略势力压迫，进行着艰难的竞争。从1895年到1911年，中国民族经济在上海致力市政建设，于棉纺织、面粉、卷烟、食品、榨油等轻工业部门创办新厂86家。1895年，上海华界组织南市马路工程局，开始拓宽和拆建城内街巷。1896年，华界辟筑沿浦江马路。1897年，盛宣怀创办南洋公学；商务印书馆开业；闸北绅商集资建设市政工程。1897年，淞沪铁路重建通车，设车站于闸北；清王朝允准吴淞开商埠，成立开埠工程总局，经办筑港、修路、盖房等建设。

义和团运动时期，由于两江、湖广、两广总督刘坤一、张之洞、李鸿章与帝国主义侵略势力签订了妥协性的《东南保护约款》，上海经济、文化发展未受战争影响，依旧取得了一定程度的增长。1900 年，闸北建立工程总局。1901 年，哈同洋行开业。1902 年，上海首次从国外引进汽车；英美烟草公司成立。1903 年，马相伯等创办震旦学院；美国花旗银行在上海设立分行。1904 年，上海商业会议公所改为上海商务总会，张謇兄弟在上海设立大达轮埠公司；南市马路工程局电灯厂开业。1905 年，马相伯等在吴淞创办复旦公学；求新制造厂开业。1906 年，信成商业储蓄银行开业，国人购入《申报》全部产权；浦东成立工程局修筑马路。1907 年，法国人在上海设立广慈医院。1908 年，上海第一条有轨电车线路通本；虹口影剧院建成。1909 年，宁绍轮船公司开业，沪宁铁路通车，车站与淞沪铁路车站相邻，闸北成为上海铁路交通枢纽。1911 年，中华书局创立。

1908 年至 1910 年，以英国人麦边（George McBain）为首的一伙外国骗子在上海“创办”了兰格志（Langkate）橡皮公司并发行股票，随后哄抬橡皮股票价格、裹挟巨款逃逸，上海中外商人损失白银约 2000 万两，造成大批钱庄倒闭，四川铁路公司损失 300 万两，埋下了保路运动的导火引索。经此事件，上海钱庄由 1908 年的 115 家减少至 51 家。

至 1910 年，上海民族资本纱厂已拥有纱锭 16.57 万枚，约占全国民族资本纱锭总量的33.3%；民族资本航运公司十余家，拥有船舶517 艘；民族资本缫丝厂48 家，拥有丝车1.37 万架；民族资本面粉厂7 家，日产量达1.47 万包；民族资本银行则有中国通商银行、信成商业储蓄银行、四明银行、信义银行总行、交通银行、四川睿川源银行、福商银行、浙江兴业银行和大清银行上海分行等近十家，另有洋布、百货、五金、西药等各种商号7381 家，一批民族经济的大资本家已成为名副其实的百万富翁和千万富翁。①

英国、美国、德国、日本等外国资本除了在金融、航运、贸易等领域继续扩张，还在上海设立了8 个大型棉纺织工厂，外国资本在上海的纱锭拥有量约占中国纱锭总量的50%。英国资本的耶松船厂垄断了上海造船工业，英美烟草公司的资本约相当于全国所有烟厂资本的7 倍。②

自开埠至1907 年的60 余年间，国人先后在上海开办了南洋公学、复旦、中国公学、同德医学院、美术学院等231 所大中小学校；外国殖民者在上海开办了格致、圣约翰、中西书院3 所大学、25 所中学和33 所小学。③ 国人和外国殖民者在上海创设了汇报、新报、字林西报、中报、新闻报等60 余种中国最早的报刊。

1912 年2 月12 日，清王朝宣统帝下诏逊位。清王朝虽然倒台

---

① 蒋以任、李锐、李墨龙：《创新：21 世纪上海核心竞争力浅论》，上海人民出版社2010 年版，第417 页。

② 王培：《晚清企业纪事》，中国文史出版社1997 年版，第314 页。

③ 中共上海市委党史研究室、中共上海市教育卫生工作委员会、上海市现代上海研究中心编：《口述上海：教育改革与发展》，上海教育出版社2014 年版，第17 页。

了，但整个中国仍未走出半殖民地半封建社会状态，上海这座城市也在新政局下面临着新的发展挑战与机遇。

二、行政区划递嬗

义和团运动时期，上海虽未出现义和团式的殊死抗争，但在宣传、酝酿和组织资产阶级民主革命等方面，进行了一系列更高形式的反帝爱国斗争。1900 年，上海绅商士民通电反对慈禧太后废光绪立皇储的阴谋，成立了中国历史上第一个“中国国会”，宣言要保全主权、创造新的独立国家。1901 年至 1902 年，上海爱国人士和群众数次集会张园，掀起一波又一波声势浩大的、具有全国影响的、反对沙俄侵占中国东北的浪潮。

1903 年，上海《苏报》连续刊载邹容的《革命军》和章太炎的《驳康有为论革命书》等革命檄文，直指光绪皇帝为“载湉小丑，未辨菽麦”，号召推翻清王朝。清王朝勾结租界逮捕邹容、章太炎。《苏报》案震惊中外，邹容壮烈牺牲。

1904 年，蔡元培、陶成章等人在上海组织光复会，黄兴在上海组织青年学社。1905 年，孙中山领导的中国革命同盟会以兴中会、华兴会、光复会为基础，在日本东京成立；上海人民为抗议美国政府迫害中国华侨、华工，掀起了全民参与的抵制美货运动，揭开了中国近代史上抵制外货倾销的爱国运动序幕。

1906 年，张謇等立宪派在上海组织预备立宪会议；光复会员秋瑾等在上海赁屋秘密制造炸弹。1907 年至 1908 年，光复会员徐锡麟在安庆组织起义牺牲，秋瑾在绍兴准备起义牺牲，熊成基在安庆再次组织起义牺牲。与此同时，在孙中山的策动和直接领导下，同盟会在两广和云南进行了六次武装起义，在此之前的 1895 年、1900 年、1906 年，孙中山已经领导了三次武装起义；在此之后的 1909 年和 1911 年，孙中山领导的同盟会又进行了两次广州起义。1911 年，广州黄花岗起义失败，同盟会中部总会在上海成立，派遣人员串连江、浙、皖、赣、鄂、湘、川、陕 8 省，前往武汉设立分会，与湖北新军中革命组织共进会、文学社取得联络，并号召起义；陶成章、李燮和与陈其美则分别在上海筹划起义。

1911 年 10 月 10 日，湖北新军举行武昌起义，中国历史上具有划时代意义的辛亥革命爆发，湖南、陕西、江西三省和山西、云南先后在 10 月底前起义，宣布独立。11 月 4 日，上海光复、浙江光复；11 月 5 日，苏州新军响应上海起义，宣布江苏独立，接着贵州、广西、安徽、福建、四川等省相继起义，宣布独立。

沪、浙、苏一城两省号称东南财富渊薮，不仅在外交、经济方面，而且在政治、军事方面都占据重要地位。1911 年 11 月 2 日，袁世凯指挥北洋军攻陷革命军光复的汉口；11 月 4 日、5 日，上海、浙江、江苏起义宣布独立，给予清王朝致命打击，扭转了革命军在武昌的困难形势。

上海光复，新政权一面筹措经费，扩大革命武装，一面策划组织苏浙沪联军，夺取南京；“江防要塞、海军舰队，秣陵攻坚之师

（即夺取南京的革命军队），烟台扼亢之旅，左萦右指，北讨东征，莫不以上海为饷源”。11 月 27 日，北洋军攻陷革命军占领的汉阳；12 月 2 日，苏浙沪联军击溃两江总督张人骏、江宁将军铁良与江南提督张勋指持的清军精锐，占领南京，又一次扭转了革命军在武昌的不利形势。上海军民在辛亥革命中做出了卓越贡献，孙中山日后评价说，对武昌起义响应之最有力而影响于全国最大者，“厥为上海……革命之大局，因以益振”。

1912 年 1 月 1 日，中华民国临时政府在南京正式成立，各省代表选举孙中山就任临时大总统；2 月 12 日，清帝逊位；1912 年 3 月，袁世凯窃取了辛亥革命的胜利果实。

1911 年，广州黄花岗之役、四川保路运动、武昌起义等凝聚着 1840 年以来中国人民反帝爱国牺牲精神的激流狂涛，汇成了推翻 2100 多年封建帝制山呼海啸的澎湃怒潮，辛亥革命极大地推动了中国人民争取民族独立和自由幸福的革命斗争的蓬勃发展。

1912 年，民国政府改川沙厅为川沙县，撤娄县，将其地并入华亭县。1914 年，改华亭县为松江县；设沪海道，辖上海、宝山、嘉定、松江、奉贤、金山、南汇、青浦、川沙、崇明、海门、太仓 12 县。1917 年至 1924 年，上海行政上隶属北洋军阀直系控制的江苏省，实际上却由皖系浙江督军委派的淞沪护军使控制。1925 年，北洋军阀直系孙传芳势力扩大到浙、闽、苏、皖、赣 5 省，在吴淞地区设淞沪商埠督办公署，自兼督办，上海被称为淞沪特别市区。

从 1840 年到 1927 年的 85 年间，上海辖区基本没有变动，全境面积约557.85平方公里。1927年，上海华界面积约494.68平方公里，公共租界面积屡经扩张达36平方公里，法租界面积约10.22平方公里。

华界分为沪南区（即原南市区、今已并入黄浦区）、闸北区（今并入静安区）、蒲淞区（今五角场到吴淞）、洋泾区（今浦东沿江一带），此外还有引翔、法华、曹行、漕河泾、塘湾、闵行、马桥、颛桥、北桥、三林、杨思、陈行、塘桥、高行、陆行等15个乡。

公共租界分为中区（吴淞江苏州河南、法租界北，外滩以西至静安寺）、西区（沪西工业区及1895年后越界筑路部分）、北区（虹口到上海火车北站）、东区（吴淞江苏州河北沿黄浦江经提篮桥至杨树浦）。法租界分为6个捕房管辖区——小东门捕房区（今小东门东西一带），麦兰捕房区（今延安东路以南一带），霞飞捕房区（今淮海中路一带）、卢家湾捕房区（今重庆南路一带），福熙捕房区（今宝庆路、淮海西路一带）、贝当捕房区（今建国西路一带）。

1927年，南京国民政府划江苏省上海、松江、宝山、青浦、南汇县部分地区，设上海特别市，行政区域面积（包括租界）扩大到900多平方公里。1930年，南京国民政府设院辖市，改上海特别市为上海市，与上海县分治，直属国民政府，行政区域面积约540多平方公里。1947年，抗战胜利，租界不复存在，上海市行政区域面积扩大到617.99平方公里。

民国时期，上海、松江、青浦、金山、南汇、奉贤、川沙、嘉定、宝山、崇明等10县均属江苏省（新中国成立后，1958年1月14日，中央人民政府划江苏省松江专区嘉定、宝山、上海3县归上海市管辖；3月26日，撤销松江专区，所属划归苏州专区；11月21日，划江苏省苏州专区的川沙、青浦、南汇、奉贤、松江、金山6县和南通专区的崇明县归上海管辖）。

三、民族经济勃兴

辛亥革命促进了中国民族经济的成长。1910年，中国民族资本设厂986家，仅过两年，至1912年，便增加到1502家；由于上海新企业的不断开办和老企业生产能力的持续扩大，必须将电力供应增加4倍才能满足需要。

1909年，沪宁铁路通车；1911年，津浦铁路通车；1912年，沪杭铁路通车，这几条铁路对上海经济发展产生了有利影响。辛亥革命前夕，中国土地上已有9600多公里铁路，其中，东北的东清铁路、南满铁路分别由俄国和日本直接经营，山东的胶济铁路由德国直接经营，云南的滇越铁路由法国直接经营。这几条具有殖民性质的铁路共长3700多公里，占全部铁路总长的39%；京奉、京汉、石家庄至太原、沪宁、汴洛、津浦线等使用借款建造的铁路共约5200公里，占全部铁路总长的54%；另有660多公里中国自主建造的京张铁路和潮汕铁路等。

1914年，第一次世界大战爆发，英法德等交战国输入上海的商品货物明显减少，日本也忙于增加对欧洲出口，放缓了对中国商品货物的输入；而战争又增加了欧洲对中国、印度等银本位制货币国家粮食与原料的采购，从而刺激了中国出口商品价格上升和国际市场白银价格上扬，白银购买力提高了约3倍。1918年，第一次世界大战结束，欧洲国家军事物品消耗为经济恢复建设需求所取代，对中国初级产品的进口不仅没有削减，而且还在进一步扩大。

中国民族资本经济抓住帝国主义暂时放缓对中国侵略的间隙，利用国内、国际市场需求增加，商品价格与货币购买力提高的机遇，以扩大出口与引进设备并举的办法，获得了空前的发展。1912年1月，上海县城开始拆除城墙，修建马路；至1914年，上海城墙全部拆除，中华路筑成，县城内外商业日益繁盛。

此后，中国民族资本纷纷在上海设厂——

1914年，德大纱厂创办。

1915年，荣氏家族申新纺织公司成立。

1916年，南洋兄弟烟草公司在上海设厂。

上海闸北通过几年建设，已有包括缫丝、轧花、纺织、印刷、面料、碾米、油脂、机器、烟草、火柴、榨油、造纸、玻璃等20多个行业的企业60余家，并创办了30余所中小学校和数家新式医院。

1917年，南京路四大百货公司之一的先施公司开业。

1918年，江南造船所承接美国政府订货，建造4艘排水量

1.475万吨的运输舰（订于1921年交船，因赶工导致该厂工人工伤死亡80多人）；南京路四大百货公司之一的永安公司开业；上海第一家钢铁厂——和兴钢铁厂日出铁达360吨，不久日产量达到1000吨。

1919年，全国棉纺纱锭总数65.87万枚，上海纱锭总数32.9万枚；南洋兄弟烟草公司年产香烟20亿支（即4万箱），约为英美烟草公司年产量1/6。

1912年至1919年，中国现代工业增长率约13%，中国现代产业工人，辛亥革命前约50—60万，1919年达到了200万。①

1915年至1919年，上海新设华商工厂数百家；1913年至1921年，上海新设银行26家；棉纺织、面粉、缫丝、丝织、针织、卷烟、火柴、化妆品、油漆、制革、机械、钢铁、航运，商业和金融业都在这一时期初步奠定了大规模生产和大规模积累的基础。

1920年，上海证券物品交易所开业，随即出现一股开办交易所的热潮。1921年，从事黄金交易的上海标金交易所成立。仅仅两年间，上海各类交易所竟达136家，另外还有12家信托公司，资本总额2.2亿元，超过1920年全国银行资本的总和。② 但随着资金不断注入交易所，市面银根日紧，金融界开始收缩信用，股票交易量下降，价格暴跌，各类交易所出现严重亏损，纷纷倒闭。到1922

① 军事科学院军事历史研究部编著：《中国抗日战争史》，解放军出版社2015年版，第42页。

② 上海通志编纂委员会编：《上海通志》第五册，上海人民出版社2005年版，第3372页。

年，上海又仅剩有12家交易所和2家信托公司。

对于这场“过山车”式的金融资本大戏，有学者评论，民国初年，棉纺织工业“地无分南北，厂无论大小，多能‘获得意外的厚利’”；至民国九年（1920年），中国国外贸易为先前未有之巨额，然查其进出口货物量，进口止增加1/6，出口反而减少1/6，外货一来，经济压迫即至；“国人居此恶劣环境之下，竟不知振刷精神，亟谋补救，反于此时增设交易所与信托公司等投机事业，想谋意外之财，置本业于不顾，结果皆遭惨败”。① 于是，酿成了民国十年（1921年）被称之为“信交风潮”的经济大恐慌！

在1920年以后影响西方和日本经济复苏的危机形势下，中国丝茶出口频频受阻，遭遇打击。1919年，中国出口总值6.3亿海关两，但1920年降至5.4亿海关两；② 进口也面临同样严重的障碍——世界银价灾难性的下跌，导致中国银两货币相应贬值，许多商人无力提取已订购的机器设备及其他货物。不过，中国依靠国内市场的活力阻止了危机的扩大与价格下跌，“本来供出口的货物，外国人不再购买，都在国内消费了，因为中国工业还在蓬勃发展并继续取得高额利润”。③ 但是，1923年，当西方和日本经济开始出现转机的时候，中国受到了真正的打击。

---

① 刘云柏：《近代江南工业资本流向》，上海人民出版社2003年版，第70页。

② 《中国经济发展史》编写组编：《中国经济发展史（1840—1949）》第三卷，上海财经大学出版社2016年版，第1329页。

③ （美）费正清主编，章建刚译：《剑桥中华民国史（1912—1949）》上卷，上海人民出版社1991年版，第838、839页。

1920 年秋季，美国棉花歉收，价格上涨。1918 年至 1922 年，中国纱厂原棉消耗从 270 万担增加至 630 万担，不得不越来越多地扩大进口，因而感受到世界市场价格上涨的压力。1920 年至 1922 年，华北各省出现饥荒；1922 年，吉林、四川、福建战乱，减少了国内需求，又引起棉纱价格下降。1921 年，纱厂每包棉纱尚可赢利 25 两；1923 年，每包已亏本约 15 两。

利用世界大战提供的机遇而掀起的建厂潮流，在 1921 至 1922 年达到了顶点，此后外国资本重新大举挤占中国市场。1918 年至 1922 年，日本在华纱厂纱锭增加了约 158%。① 许多民族工业企业竞争不过外国资本，产品销路呆滞，资金周转不灵，有的只能停产歇业或被外国资本兼并和控制。1917 年至 1922 年，中国纱厂谈判的 19 项外国贷款，其中有 14 项为日本公司拨付，当中国实业家在 1922 年无法偿还债务时，日本的参与就变成了控制。

第一次世界大战结束，上海外货进口额迅速增长。1924 年比 1918 年扩大了 2.4 倍，外国资本再度广泛深入金融、公用事业、房地产、航运、棉纺织、造船、机械、造纸、烟草、轧花、食品等各个社会经济部门，民族资本的棉纺织、缫丝、面粉和曾经兴旺一时的五金商业又陷入了困境。不过，由于此时上海大型民族工商企业已具备一定生产规模，逐渐在市场划分中形成了避让外国资本的错位竞争，即外商企业主要占有大城市与口岸城市高档消费品、技术

① 白寿彝：《中国通史纲要》，中国友谊出版公司 2016 年版，第 303 页。

先进的工业品市场，而华商企业则主要占有中小城市与农村中低档消费品、工业品市场，中国民族经济在帝国主义侵略的薄弱环节和空白领域仍艰难地取得了不同程度的发展。

1916 年，华生电器厂和大效电机厂开业；中国银行上海分行拒绝执行北京政府停止兑现纸币的命令。

1918 年，从事精炼漂白业务的上海精炼公司成立。

1919 年，中国第一毛绒纺织厂生产火车牌绒线；荣氏家族联合同行组织了面粉、纱布交易所；中华橡皮厂开业。1919 年至 1924 年，上海新设小型机器厂 116 家。

1920 年，上海水泥厂、美亚绸厂创办；公和药厂已能制造 606（治疗梅毒之药剂名）、肺浆等 200 多种药品；中国蓄电池厂大量生产干湿电池、电炭精和充电器。

1921 年，天厨味精厂开业；永义昌、裕丰等商号使用进口机芯组装留声机；中国唯一毛绒纺织厂投产；五洲大药房建造制药厂；五洲大药房下属的固本皂药厂日产量达到 300 箱。同年，上海商业储蓄银行、浙江兴业银行、浙江地方实业银行和四明银行吸收储蓄存款已占全国银行储蓄存款的 40% 以上。

1922 年，大隆机器厂织布机试制成功，专门制药的福康西药店开业；上海龙华机场开始修建。

1923 年，冠生园食品公司开业；孟中机器有限公司生产交直流电机及变压器；上海水泥厂投产，年产量达 36 万桶；永安公司利润总额超过 100 万元。

1924 年，先达骆驼绒厂开工，中国第一毛绒纺织厂与先达骆驼绒厂都在 3 年之间盈利 20—30 万两；昆仑、中国酿酒厂创办。

1925 年，泰康食品公司将总厂从山东济南迁往上海。截至该年，上海金融业总资力中，民族资本银行比重跃升为 40.8%，民族资本钱庄比重占 22.5%，外国银行比重下降为 36.7%。从 1918 年至 1925 年，上海共开设资本 1 万元以上的纺织厂 13 家。①

1925 年，公益玻璃厂、上海玻璃公司等一批新厂开始制造热水瓶胆，竞成、江南等造纸厂生产的纸版供不应求；是年，五洲固本皂药厂购并华兴记香皂厂，规模进一步扩大；冠生园食品公司年营业额达 170 余万元；全市已有民族资本食品罐头厂 17 家，电器厂 8 家；华生电器厂制造的华生牌电风扇质量超过了进口货。

1926 年，上海水泥厂盈利 12 万元；美亚绸厂采用美国新式电力织机制造绸绉，营业额猛增为 270 万元。同年，南京路四大百货公司之一的新新公司开张（1936 年，四大百货公司中成立最晚一家——大新公司也在南京路揭幕）。上海钱庄资本总额由 1912 年的 106 万两扩大为 20 年代中期的 1458 万两。②

随着工商业和金融业发展，上海工商业和金融业发生了一定程度融合，一方面工商业大资本家参股金融业，担任银行的董事；另一方面金融业大资本家投资工商业，相有工商业股份，后来又逐渐

---

① 徐新吾、黄汉民主编：《上海近代工业史》，上海社会科学院出版社 1998 年版，第 126 页。

② 姚会元：《江浙金融财团研究》，中国财政经济出版社 1998 年版，第 77 页。

通过贷款，向工商企业派出仓管员、出纳乃至驻厂稽核以进行监管。与此同时，上海民族资本涌现了一批实力雄厚能够与外国资本进行有限竞争的大型企业集团。

比如，工商业的荣氏家族，1925 年前后，已拥有上海和外地的 5 家棉纺织厂和 12 家面粉厂，资产总额约 3722 万银圆（1934 年，其所掌握的棉纺织厂纱锭增至 55 万枚，几占全国总量的 20%）。①又如，郭氏家族拥有永安公司和永安纱厂，资产总额超过 2000 万银圆。再如，简氏家族拥有南洋兄弟烟草公司，资产总额达 1500 万银圆。此外，宁绍轮船公司、三北轮船公司、商务印书馆、五洲大药房等企业资本也都超过 100 万银圆。

金融业以宋汉章、张公权、钱新之、陈光甫、叶揆初、李馥荪等为代表的江浙财团系统，在 1925 年控制了上海银行公会 14 家会员银行。江浙财团系统的 14 家会员银行资产总额约占上海银行公会 22 家会员银行资产总额的 84%。② 尽管对江浙财团概念的宽泛定义，应该包括江浙金融和工商资产阶级，但其核心仍是金融资产阶级，即以中国银行和交通银行上海分行、上海商业储蓄银行、浙江兴业银行、浙江地方实业银行等为骨干的“南五行”。

① 苗延波：《华夏商路》，知识产权出版社 2014 年版，第 341 页。

② 袁成毅：《地缘纽带中的蒋介石与浙江——以国民政府建立前后为时段的考察》，陈红民主编：《中外学者论蒋介石——蒋介石与近代中国国际学术研讨会论文集》，浙江大学出版社 2013 年版，第 475 页。

四、革命运动高涨

1913年，袁世凯收买刺客于上海火车站暗杀力主议会政治的国民党核心人物宋教仁，随后又罢免、调离国民党赣、粤、皖三督，并镇压了孙中山、黄兴领导的二次革命。1914年，袁世凯废除《临时约法》；1915年，宣布实行帝制，蔡锷等领导的护国运动爆发。1916年，袁世凯被迫撤销帝制，同年袁世凯病死。此后，北洋军阀掌握中央政权，非北洋系军阀控制部分地方政权，民主共和名存实亡。

列强侵略的全面深化与孙中山及其追随者反帝反封建活动屡遭失败的严峻现实表明，脱离劳苦工农大众的中国资产阶级革命派如同19世纪末脱离人民大众革命要求的资产阶级改良派一样，已经越过自身历史作用的巅峰，中国旧民主主义革命正在转向无产阶级领导的新民主主义革命阶段。

上海是中国无产阶级占人口比例最高，斗争历史最长的城市，也是中国无产阶级知识分子最早宣传共产主义和组织工人运动、学生运动的城市。

早在1879年，英商耶松船厂和祥生船厂就发生过工人罢工，这是中国工人阶级最早的罢工斗争之一。1885年至1913年近30年间，上海工人自发罢工百余次，其中，1905年上海集成纱厂罢工，参加者多达4600名。1914年至1919年的4年多时间里，上海工人也自发罢工80余次，如1911年上海晋昌、长绵、伦华、协和4家丝厂同时罢工；又如，1915年上海人力车工人罢工，参加者竟有2万余人。

1915年9月，陈独秀主编的《新青年》杂志在上海创刊，提倡科学和民主，揭开了新文化运动的序幕。1916年10月，胡适在《新青年》发表《文学改良刍议》，陈独秀发表《文学革命论》。1917年11月7日，俄国社会主义革命取得胜利，上海《民国日报》于11月11日率先报道了俄国十月革命消息。此后，《新青年》迁往北京，但仍由上海群益书社出版发行。1918年5月，上海学生举行请愿，反对《中日共同防敌军事协定》。1919年9月，《新青年》"马克思主义研究专号"在上海出版。

1919年前后，上海已有20万产业工人，比1910年增长1倍，工人总数50余万，约占全市人口1/4。① 1919年，五四运动爆发；6月5日，上海工人、学生、商人举行罢工、罢课、罢市斗争，支持北京学生和人民大众爱国运动，影响波及20余省的100多个城市。五四时期，中国无产阶级举行全国政治性大罢工，标志着中国无产阶级的觉悟和中国新民主主义革命的开端。五四运动促进了马克思列宁主义与中国工人运动的结合，广泛传播了马克思列宁主义，为中国共产党成立提供了思想和干部准备。

1920年8月，上海中国共产党发起组成立，推选陈独秀任书记，参加者有李达、赵世炎、俞秀松、沈雁冰、陈望道等；随后，

① 邵雍：《从开天辟地到天翻地覆》，上海人民出版社2013年版，第56页。

上海社会主义青年团成立，推选俞秀松任书记，先后参加者有罗亦农、刘少奇、任弼时、萧劲光、柯庆施等。11月21日，中国工人阶级自己的第一个工会组织——上海机器工会成立，陈独秀和孙中山前往祝贺并发表演讲。

1921年7月23日，中国共产党第一次全国代表大会在上海召开；8月，中国共产党在上海建立领导全国工人运动的劳动组合书记部。1922年7月，中国共产党第二次全国代表大会在上海召开；9月中共中央机关刊物《向导》也在上海创办。

1923年1月，孙中山发表《中国国民党宣言》，苏联特使越飞抵达上海与孙中山会晤，联合发表《孙文越飞宣言》。《宣言》象征着孙中山联俄政策的确立。在上海活动的共产党人和国民党合作，把上海大学建成了一所培养革命人才的新型学校，其中，共产党人邓中夏、瞿秋白分任校总务长和社会学系主任，蔡和森、恽代英、萧楚女、张太雷、杨贤江、侯绍裘等著名共产党人先后在上海大学任教。

1924年1月，中国国民党第一次全国代表大会在广州召开，第一次国共合作正式建立。国民党派遣中央执行委员胡汉民和中央候补执行委员毛泽东等前往上海筹组执行部。是年夏，项英、孙良惠和刘华等在上海成立沪西工友俱乐部，共产党人李立三、向警予等都参加了俱乐部工作。1924年9月和12月，第一次、第二次江浙战争先后爆发，借着军阀混战时机，上海大学学生会、上海机器工会等143个团体于1924年末，发起成立上海国民会议促成会。

1925年1月，中国共产党第四次全国代表大会在上海召开；2月，中国共产党领导21家日资纱厂约3.5万工人举行同盟罢工；5月，中国共产党领导了五卅运动，抗议日本资本家枪杀共产党员顾正红、打伤工友数十人的罪行。五卅运动时期，公共租界英国巡捕枪杀爱国群众十余人，制造了震惊中外的流血惨案。6月1日，上海学生总罢课，公共租界商店总罢市，甚至华人巡捕也大部分进行了罢岗斗争；6月6日，公共租界工部局华人顾问集体辞职。全国1200多万群众以各种方式举行抗议活动，声援上海人民反帝爱国运动，形成了前所未有的大革命风暴，其中，省港工人坚持罢工16个月之久，使英国统治下的香港变为“死港”“臭港”和“饿港”，创造了世界无产阶级罢工史的罕见纪录。五卅运动和省港大罢工，充分证明无产阶级反帝反封建立场最坚定，组织纪律性最强，斗争最彻底，足为中国革命的领导力量。

1925年3月12日，孙中山在北京病逝；4月14日，上海10万市民在斜桥公共体育场召开孙中山追悼大会；10月，第三次江浙战争爆发，孙传芳占领上海。1926年7月9日，广东国民政府誓师北伐；10月，国民革命军在两湖战场歼灭吴佩孚主力，攻克武汉三镇。

1926年10月23日，中共上海、江浙区委书记罗亦农和汪寿华、赵世炎、李震瀛等领导上海工人举行第一次武装起义失败。1927年2月22日，上海总工会组织36万工人总同盟罢工，中国共产党领导上海工人举行了第二次武装起义。起义再次失败后，中共中央决定加强组织力度，令中共上海、江浙区委成立由陈独秀、罗亦农、赵世炎、汪寿华、尹宽、彭述之、周恩来、王亚璋等 8 人参加的特委会，下辖以周恩来为首的特别军委和以尹宽为首的宣委，统一领导新的暴动。3 月 21 日，上海 20 余万工人组织总同盟罢工，上海工人举行第三次武装起义，经历 30 个小时激战，取得了歼敌 5000 余人的辉煌胜利。在上海工人三次武装起义中，前后约有 300 名革命者光荣牺牲。

中国新民主主义革命第一个时期的 1921 年至 1927 年，特别是在 1924 年至 1927 年间，中国人民反帝反封建大革命在中国共产党的正确领导、积极影响、推动和组织下，在国际共产主义运动的帮助下，取得了迅速发展的伟大胜利。中国共产党在这次大革命中进行了轰轰烈烈的革命工作，发展了全国工人运动、青年运动和农民运动，推进并帮助了国民党的改组和国民革命军的建立，形成了东征和北伐的政治骨干，领导了全国反帝反封建伟大斗争，在中国革命史上写下了极其辉煌的一章。

然而，1927 年 4 月 12 日，国民党蒋介石集团悍然背叛孙中山，在上海蓄意发动反革命军事政变，疯狂屠杀共产党人和工农群众，宝山路血流成河。在这一过程中，自身经济和政治利益因帝国主义侵略受到严重伤害，曾与上海工人阶级合作进行反对帝国主义、争取民族独立革命斗争的江浙资产阶级，不仅畏惧中国共产党领导的工农劳苦大众争取阶级解放革命斗争进一步扩展将会损害其剥削工农劳苦大众的既得利益，更加担心失去未来的经济、政治地位，遂以提供“捐款”、联络各地资产阶级等方式怂恿和支持了“四一二”反革命军事政变。

1927年4月15日，国民党反革命集团在广州发动反革命军事政变。1927年4月18日，南京国民政府成立。1927年7月15日，国民党汪精卫集团同样背叛孙中山，在武汉发动反革命军事政变。轰轰烈烈的国民大革命彻底失败了。

第四章　上海城市现代化建设的早期探索

一、金融建设

1928 年 6 月 2 日，北洋奉系军阀弃守北京；6 月 4 日，张作霖专列在沈阳西北郊皇姑屯被日本关东军炸毁，张作霖伤重不治身亡；6 月 20 日，北洋军阀系统杨增新宣布新疆易帜；12 月 29 日，张学良宣布东北易帜，蒋介石集团控制的南京国民政府实现了形式上的全国统一。

在国民党统治下，上海丝厂、纱厂都恢复了 12 小时工作制。为了掠取高额利润，资本家大量雇佣女工和童工。根据 1929 年 5 月数据显示，在全市产业工人中，女工约占 50%，童工约占 10%。

1927 年 8 月至 1930 年 11 月，国民党新军间蒋桂、蒋冯、蒋汪、蒋冯阎之间先后进行了 6 次大规模战争。1930 年 12 月至 1933

年9月，国民党蒋介石集团对中国共产党江西中央革命根据地进行了5次大规模反革命“围剿”。1927年至1936年，国民党军费支出合计约31.8亿法币。为了筹措战争军费，1927年至1937年5月，国民党南京政府发行公债券约44种，实际发行额累计36.9亿法币、2700万英镑、2000万美金；公债券主要由银行承购，刺激了上海金融业的迅速发展。

1928年至1931年，上海新设银行达23家。随着政治重心由北京移往南京，中国、交通、金城、盐业等各大银行的总行、总管理处也相继从北京迁往上海。到30年代，上海已有67家银行总行、总管理处。①

1927年至1931年，国民党政府以高利率（6厘至8厘）、高折扣（五六折或六七折）发行公债券，与民族工商业争夺社会存量资金，承购公债券年收益约15%—20%，全国资金70%流出工商业而流向政府，银行对工商业资金供给不断减少。资金紧缺拉动工商业短期贷款年利率上升到18%至20%，纱厂长期贷款年利率上升到8%至12%。华商银行一年期存款利率攀升到7%至10%，高利率引致军阀、官僚、富商、地主的钱财和内陆省区出口贸易利润盈余转储、留储至上海，加剧了内陆中小城市尤其是农村的资金短缺。

全国资金在上海一隅的集聚，巩固了上海作为全国金融中心的

① 赵海宽：《金融市场论》，经济科学出版社1988年版，第94页。

特殊地位。1933 年，上海银行公会会员银行资产总值 33 亿元，占除香港和东北以外全国银行资产总值的 89%。[①] 1920 年至 1934 年，上海现金流通总额从 3757 万元放大到 5.6 亿元；14 年里增长了 14 倍。1936 年，上海银行、钱庄、信托公司的资本、公积、存款和兑换券四项可运用的资力合计约 32.7 亿元，占除香港和东北以外全国金融业四项可运用资力的 47.8%。[②]

金融业与工商业以高利率吸取存贷款，决定了金融业与工商业热衷选择经营高回报的公债、房地产和外商证券。1931 年，上海地产连同建筑物的市场价格达到 50 亿元。1934 年，上海外商经营的证券交易所——众业公所上市，外国公司发行的证券约 154 种；1932 年至 1934 年上半年，众业公所开拍 18 种证券，发行额达 1.164 亿银圆，而上海全部华商银行 1934 年的存银亦不过 2.803 亿银圆。[③] 上海华商证券交易所则主要从事公债的买卖。

1927 年至 1936 年，国民党政府财政赤字累计约 18.55 亿元。为了弥补赤字，国民党中央政府于 1928 年起对产品制造征收统税，地方政府对贸易征收营业税和特种消费税。税率有利于外资企业而不利于民族工商业，加重了民族工商业的负担，削弱了民族工商业的竞争力。外资银行以低利率贷款，积极扶持外商企业在上海与华

① 陶柏康主编：《上海经济体制改革史纲（1978—2000）》，文汇出版社 2006 年版，第 2 页。

② 中共上海市委组织部、中共上海市委宣传部、上海市地方志办公室编著：《上海通志（干部读本）》，上海人民出版社 2014 年版，第 122 页。

③（美）帕克斯・小科布尔著，蔡静仪译：《上海资本家与国民政府（1927—1937）》，世界图书北京出版公司 2015 年版，第 114 页。

商企业竞争；华商银行一年期存款利率7%—10%，而外资银行一年期存款利率仅2%。

在贷款利率和税率双向上升的打击下，1929年，上海有150家棉纺织厂宣告停业，失业者达15.5万；1927年，上海华商烟草公司约182家，1930年约有120家歇业。上海租界以外地区的失业者和无业者达30余万，占人口的18.21%。1927年，上海共有民族资本工厂1295家，1931年只剩下795家；四年间改组、倒闭的工厂占原有工厂总数的38%。①

除了苛以重税的“豪夺”手段外，国民党蒋介石集团对曾经支持其发动“四一二”反革命军事政变的江浙财团和上海资产阶级也极尽“巧取”之能事。财大气粗的江浙财团一度支持过蒋介石集团打击非蒋系国民党新军阀的战争，目的是换取蒋介石集团扶助上海资产阶级金融和工商企业的发展，但蒋介石集团之目的则在于建立官僚资本对全国经济的统治与控制。

江浙财团掌握的中国银行和交通银行信用显著，在中国金融界占有重要地位，就资本、实力而言，中国银行和交通银行均超过国民党政府控制的中央银行。1935年，国民党政府财政部突然以官股占股本1/5的中国银行“资产负债总额与资本额（2500万元）比率失衡、应及时充实资金”为理由，向该银行发出“民国二十四年”（1935年）金融公债2500万元预约券作为官股股金，企图以

① 朱阳主编：《中国共产党历史讲义（修订本）》，吉林人民出版社1981年版，第111页。

此将中国银行的股本变为“官三商二”，使官股压倒商股。在中国银行商股势力最大的江浙财团反对下，国民党政府财政部将中国银行“官股”比例由3/5调整为1/2，并任命宋子文为中国银行董事长。

与此同时，财政部又将官股占股本1/10的交通银行资本总额改为2000万元，从金融公债中增拨交通银行1000万元（加上之前已拨的100万元），使“官股”占交通银行股本的55%。

通过此番“操作”，蒋介石集团未用1元现金，仅凭2500万元金融公债预约券，就夺取了中国、交通两大银行的主宰权。接着，国民党政府如法炮制，又相继控制了上海中国通商银行、中国实业银行和四明银行，并以组织“上海钱庄监管委员会”的形式控制了上海各大钱庄。

从此以后，江浙财团丧失了对金融业的控制，结果不是资本家控制南京政府，而是资本家完全沦为官僚资本的附庸，其代表人物逐渐由实业家转化为国民党政府的财经技术官僚，对国民党的态度亦由拥护而变为失望。

1935年9月，国民党政府颁布《中央银行法》，规定中央银行为“国家银行”，享有发行兑换券、铸造、发行国币，经理国库及募集、经理国内外债券等特权。改组后的中国银行和中央信托局又先后开办了储蓄业务，以雄厚资本吸引大批储户存款，宁波通商银行、江南银行、通易信托公司等因之倒闭，广东银行甚至被中国银行强行改组吞并。

在国民党统治下，英、日、美、法等国在上海的经济侵略投资却进一步增长。1931 年，英国在上海投资总额 7.374 亿美元，占上海外商投资总额的 66.3%，比 1914 年增加 1.2 倍；英商还拥有上海租界及越界筑路地区内征税土地的 54.4%。①

日本在上海投资总额 2.15 亿美元，占上海外商投资总额的 20.4%，比 1914 年增长了 6 倍。第一次世界大战后，日本在上海投资迅速膨胀，日本棉纺织厂甚至挤垮了英国棉纺织厂。1930 年，上海已有日资纱厂 33 家，纱锭 110.9 万枚，占全国中外棉纺织厂纱锭数的 27%，超过了上海华商与英商棉纺织厂纱锭的总和。日本工业资本 7000 万美元，英国工业资本 5000 万美元；日商企业平均每厂资本 130 万美元，英商企业平均每厂资本约 100 万美元。日本在上海的工业资本也逐渐大于英国在上海的工业资本，而华商企业平均每厂资本仅 4 万美元。

美国在上海投资总额 9750 万美元，占美国对华投资总额的 64.9%，比 1914 年增长 2.25 倍，美国在上海的投资约 1/3 集中在电力公司等公用事业。

法国在上海投资总额 3890 万美元，其中 1/2 属于地产，另外还有 2000 万美元的教会财产。②

1930 年至 1936 年，美日侵略中国的经济势力继续扩大。1936

① 蒋以任、李锐、李墨龙：《创新：21 世纪上海核心竞争力浅论》，上海人民出版社 2010 年版，第 417 页。

② 蒋以任、李锐、李墨龙：《创新：21 世纪上海核心竞争力浅论》，上海人民出版社 2010 年版，第 186 页。

年，英国在中国的投资为10.459亿美元，比1930年减少0.1%；美国则为3.405亿美元，增长19.2%；而日本在中国的投资（包括东北）为20.964亿美元，增长48.5%。①

与此同时，上海黑社会势力在国民党蒋介石集团庇护下急剧膨胀。1927年之前，由于租界外国侵略当局纵容，黑社会势力的绑票、拐骗、赌博、贩毒、逼良为娼、贩卖人口等罪恶活动已相当猖獗；黄金荣、张啸林、杜月笙在租界建立起广泛的帮派基础，仅黄金荣的门徒就将近2万人。1927年之后，黄金荣、张啸林、杜月笙等充当“四一二”政变的打手，帮助反革命政府破坏中国共产党在上海的秘密革命活动与工人运动，接受反革命政府指令，勒逼上海民族资产阶级“捐献”巨额军政费用，日益为蒋介石集团倚重。黄金荣、张啸林、杜月笙等也分别被授予少将参议和行政院参议的官衔，其掌握的黑社会势力也被允准登记为“忠信社”“恒社”等合法社会团体。

跻身统治阶层的上海黑社会势力代表，除了继续进行各种罪恶活动，还将非法聚敛的钱财投资金融、工商业、文化娱乐及新闻出版等行业，成为上海经济界的一批风云人物。1929年，杜月笙创办汇中银行，接着又担任金业交易所、纱布交易所、大夏大学、宁波仁济医院、招商局和6家大银行的董事长或董事。随着黑社会势力的急剧膨胀，上海社会治安状况进一步恶化。据《工部局年报》披

① 孙玉琴编著：《中国对外贸易史》中卷，中国商务出版社2015年版，第192页。

露：1923年至1926年，公共租界武装抢劫案年均252起；1927年至1930年，公共租界武装抢劫案上升为962起，盗窃案5000起，市民财产损失约250万元。① 黑社会势力以“烟、娼、赌”牟利，1935年，上海公娼、暗娼估计多达6万至10万人左右。

二、文化建设

在国民党白色恐怖统治下，中国共产党举行了南昌起义、秋收起义等一系列革命起义，相继建立了赣南、闽西中央革命根据地和湘鄂西、鄂豫皖、闽浙赣、湘鄂赣、左右江等革命根据地；同时，以上海为白区工作中心，领导上海和全国人民进行了气壮山河的英勇斗争。

1927年6月，中共上海区委改组为江苏、浙江省委，上海由江苏省委领导。

1927年9月至10月，中共中央从武汉迁回上海。1927年11月，中央军委书记周恩来在上海设立专门的政治保卫机构——中央特科。

1928年1月，陈云、吴子禧等首先在青浦小蒸领导农民暴动，暴动扩大到松江、嘉定、奉贤、南汇；同年，中央特科成立情报科，由陈赓任科长。

---

① 刘惠吾主编：《上海近代史》，华东师范大学出版社1987年版，第178页。

1929年1月，陈云、刘晓又指挥了奉贤庄行暴动。5月，共产党人在南京路组织了一次有4万工人群众参加的纪念五卅运动的游行活动。6月，中共六届二中全会在上海召开。

1930年9月，中共六届三中全会在上海召开，纠正了李立三的“左倾”冒险主义错误。1931年1月，中共六届四中全会在上海召开，王明“左倾”教条主义路线在党内取得支配地位。9月，上海爆发3.5万码头工人反日大罢工和10万学生反日大罢课。然而，在王明路线影响下，中国革命遭到严重挫折，上海地下党组织几乎全被国民党反动派破坏。

1933年，中国共产党临时中央从上海迁往中央革命根据地。1934年6月、10月，上海中央局两任书记李竹声、盛忠亮被捕叛变。1935年2月，中国共产党在上海的中央局、江苏省委和各区委组织损失殆尽。

“龙华千载仰高风，壮士身亡恨未终，墙外桃花墙内血，一样鲜艳一样红”，忘记过去就意味着背叛。1927年4月至1933年5月，中国共产党的卓越领袖和重要干部汪寿华、陈延年、赵世炎、罗亦农、陈乔年、彭湃、恽代英、邓中夏、何孟雄、李求实、柔石、殷夫等先后在上海被捕遇害，或在上海被捕押往南京雨花台殉难。他们与革命年代无数党员、群众及许多党外革命家前仆后继，以“为人民利益奋斗”的牺牲精神在上海浇铸了一座又一座永垂不朽的历史丰碑。

30年代，社会经济孕育着将西方世界数百年发展浓缩于一个世纪的现代化进程的张力，革命思想的传播连续跨越几个时段，把争取民族独立与阶级解放运动不断推向新的高潮。在沸腾生活的影响下，上海文化、科技出现了一派朝气蓬勃的繁荣景象，以进步文化为主流，融大众文化、通俗文化与商业文化为一体的“海派”文化，也因此走向成熟而驰名中外。

文学领域，鲁迅“匕首与投枪”式的杂文，无情地鞭挞和揭露着黑暗和虚伪；茅盾、巴金、丁玲、柔石等人的剖析小说，展示着社会病态的真相；臧克家、冯雪峰、夏衍、胡风的文艺理论与文艺批评，寄托着崇高的追求；曹靖华、傅雷、周立波、傅东华的翻译为社会各阶层所喜闻乐见。1930 年，中国共产党领导的中国左翼作家联盟（简称“左联”）在上海成立，标志着中国革命文学进入了一个新阶段。鲁迅是中国文化革命的主将，是在文化战线上代表全民族的大多数、向着敌人冲锋陷阵的、最勇敢、最坚决、最忠实、最热忱的伟大民族英雄。

同时，胡适、郭沫若在社会科学诸多领域的建树，郭沫若、顾颉刚、李平心等对新史学的倡导，田汉、夏衍、熊佛西、洪深、欧阳予倩等的现实主义戏剧和电影流派，刘海粟、丰子恺、冼星海、聂耳、瞿白音、黄自等的现代美术与音乐的普及与创造，皆有开创性的贡献。戈公振、王云五、叶圣陶、陆费逵、杜亚泉、邹韬奋、罗隆基等成为出版界楷模，史良才、张元济、陈布雷、张竹平号称报刊业巨子。江庸、史良、王造时、沙千里、郑毓秀成为司法界的翘楚。

自然科学界的知识分子也一秉“科学救国”夙志，努力在上海发展自己的事业。1915 年在美国成立的中国科学社，于 1928 年迁到上海，社长任鸿隽，社员蔡元培、翁文灏、梁启超、竺可桢等都是中国第一流的学者。当时全国最高学术机构——“中央研究院”1930 年在上海设立研究机构已有 10 个。

三、市政建设

1927 年以来，上海作为南京国民政府的“经济首都”，城市基础设施建设有了迅速发展。这一年，上海特别市政府依据孙中山的《建国方略》，开始酝酿制定《大上海建设计划》。1928 年，上海虹桥机场修建。1929 年 7 月，上海市政会议讨论通过《建设上海市中心区域计划》。《建设上海市中心区域计划》围绕“发展港口”“以外贸内联兴市、避开租界”“将铁路、航道、公路联结起来”的三大原则，选择淞沪之间——翔殷路以北、闸殷路以南、淞沪路以东面积约 7000 余亩土地的江湾，作为新上海市中心区域。

1930 年，《大上海计划》颁发，主要内容：（一）市中心区域计划，包括两部分：一是对上海未来人口总数与所需土地面积的预测；二是市中心区域行政区、商业区、工业区、住宅区（普通、高等及平民住宅区域）及油池区等区域的功能分区计划。（二）交通运输计划，包括五部分：一是海河港坞计划；二是铁路计划；三是交通计划（附设广场交通、旧市区道路整理、全市 20 余条总长 500

公里的东西主干道及沪南、闸北、沪西、浦东四区道路系统计划)；四是渡浦（横渡黄浦江）设备计划；五是飞机场站计划等。（三）建筑计划，包括四部分：一是新区房屋建设计划；二是平民及工人新村建设计划；三是新区建筑规划；四是防火建筑及设备计划。（四）空地园林布置计划，包括公园、森林、绿化、儿童游戏场、运动场及公墓等多方面计划。（五）公用事业计划，包括四部分：一是电车及公共汽车线路计划；二是自来水计划；三是电灯电话计划；四是煤气计划。（六）卫生设备计划，包括五部分：一是沟渠系统及污水处理计划；二是垃圾处理计划；三是整理不卫生区域计划；四是屠宰场计划；五是公共卫生设备计划（附设卫生试验所、医院、海港检疫所，卫生防疫站、浴所、游泳池、公厕设施计划等）。（七）市政府建筑计划，即在江湾市中心区域建筑新的上海市政府大楼，以此带动形成上海新的政治和社会中心。

“大上海计划”是近代上海由中国人自己主持设计的第一个大型、宏观、系统的综合性都市发展规划。虽然从当时半殖民地半封建社会政治制度、日本侵华国际形势、社会经济承受能力、资金供给及租界存在等约束因素的视点考量，这一雄伟规划缺乏圆满实现的充分条件和可靠的安全保障；但从和平环境下都市发展的纯技术角度评价，许多学者认为这一雄伟规划仍具有值得借鉴的合理性与前瞻性。

在上海人民的支持下，“大上海计划”取得了一系列建设成就。1932 年至 1934 年，市内各类建筑竣工面积约达 185 万平方米。在市政管理方面，1933 年起复查户籍，除市府各机关及草棚户外，一律编订户籍牌。各区建立与完善救火会与消防队，增加救火车，政府明令各工厂配备消防器材与负责人员，定期检查。与此同时，加强交通指挥与管理，于重要交通路口如老西门、斜桥、淞沪路等 11 处设置了交通指挥灯。至 1935 年，人行道植树 2 万余棵，栽花 22.56 万株，公园植树育苗 5.7 万棵。①

1936 年，上海全市（不包括法租界）新式道路已达 712 公里，华界道路为 528.38 公里，公共租界通路为 183.57 公里。其中，全市华界（沪南、沪西、浦东、闸北、吴淞、江湾等区）新建、拓宽道路达数百条；新建桥梁 254 座，修缮桥梁 382 座，新建码头 94 座，修缮码头 52 座，新建驳岸 48 处，修缮驳岸 37 处；建造30—90 厘米的沟渠下水道 31989 米；扩充了龙华和虹桥飞机场。各马路开始普设路灯，到 1937 年，上海已装有路灯约 2.38 万盏，达到历史上高峰；沪南、闸北等主要路口还设置了标准子母钟 24 处。②

截至抗战爆发，部分大型项目已经完成。占地 300 亩的上海市体育场（今江湾体育场）于 1935 年竣工，在其附近还建造了体育馆与游泳池。同年，“取现代建筑与中国建筑之混合式样”的上海市图书馆、上海市博物馆、上海市医院、市卫生试验所和新市政府大厦等五大工程先后竣工；可泊万吨巨轮的虬江码头第一期工程也

① 忻平：《危机与应对：1929—1933 年上海市民社会生活研究》，上海大学出版社 2012 年版，第 44 页。

② 忻平：《危机与应对：1929—1933 年上海市民社会生活研究》，上海大学出版社 2012 年版，第 44 页。

于1936年完工。

新市中心区的上海市广播无线电台、国立音乐专科学校、工业材料试验所、中央航空协会及市中心连接京沪、沪杭甬两线的轻便铁道已奠基施工。以江湾为核心的新市中心区的5条主干道呈现辐射状与码头、车站、租界等老市区相连接，其美路（四平路）、黄兴路、三民路（今三门路）、五权路（今五星路）以及中山北路和浦东路相继完工，这些干道与其他改造、拓宽的200多条道路，构成了新市区道路系统的基本框架。

四、币制改革

1929年，资本主义世界爆发大规模经济恐慌，帝国主义国家采取各种办法，向中国倾销商品，输出资本，转嫁危机。据统计，1927年至1937年，中国进口的农产品主要有大米1.46亿担、小麦8554万担、面粉4654万担、棉花2442万担。①

1926年至1932年，英国主持印度的货币改革，将银本位制的印度货币改为联系英镑的虚金本位，企图出售印度政府所存的2.2亿盎司白银，以换取黄金充实英国的黄金储备。由于外国粮食进口享有免税优惠，上海市场上的进口大米每担价格比本国大米还便宜0.13至0.92元，严重伤害了农民利益和农村购买力。1932年以

① 清庆瑞主编：《抗战时期的经济》，北京出版社1995年版，第18页。

后，上海民族资本主义经济陷入了十分凶险的困难境地。

第一次世界大战结束，许多国家陆续改用金本位制货币，有些国家改用银镍合金货币，有些国家改用纸币，白银与货币脱钩，导致白银供过于求。1925 年，纽约白银平均价每盎司 0.69 美元。1928 年，纽约白银平均价每盎司 0.585 美元，与 1919 年相比下跌 47.77%；至 1932 年，国际白银平均价仅 0.283 美元，又下跌了 51.62%。世界银价逆转，中国银价加上各项进出口费用，高于海外银价，白银大量流入，造成国际收支恶化。银本位制货币对外贬值，中国蚕丝、茶叶、花生、大豆等出口产品价格降低，收入减少；进口物价上涨，增加了中国企业购买设备和政府偿付外债的负担。

1931 年 6 月起，长江流域发生 60 年所未见的空前大水灾，珠江、黄河、松花江等流域也都发了水灾，灾区遍及全国 20 余省。据国民政府统计局和中国银行的调查，受害最重的苏、浙、湘、鄂、赣、皖、豫、鲁 8 个省受灾农田达 2.55 亿亩，灾民多达数千万，死亡人口约 370 万，经济损失约 4.57 亿元。①

1931 年 9 月 18 日，日本侵占东北。上海的面粉、橡胶制品等主要销往东北，国土沦陷使上海民族工商业丢掉了一大片重要市场。

1932 年 1 月 28 日，日本对上海发动武装侵略，炸毁了上海

① 孟昭华：《中国灾荒史记》，中国社会出版社 1999 年版，第 751 页。

25%的华商工厂和70%的华资商店，闸北至江湾和四川北路数十年建设的街道、工厂、商店、医院及学校被日军炮火夷为残垣废墟。日本侵略造成6000余平民死亡，1万余平民失踪，闸北无家可归者达60余万。上海直接和间接损失9.85亿元，各种有形无形损失的总价值约15亿元。①

至1933年10月，全市面粉存货积压300万包，价格跌到成本以下。1931年时，上海橡胶行业还有48家工厂，至1933年只剩34家，其中，10家处于停工状态，胶鞋价格比1931年下跌50%—60%，存货积压200万元。②

上海棉纺织业一向以华北为主销市场，由于东北市场为日本国内纱厂独占，在中国的日资纱厂依靠日本政府补贴转向华北倾销产品，上海华商纱厂也受到沉重打击。1933年4、5月间，上海华商纱厂联合会决定，各厂集体减产23%—25%；上海华商纱厂资本由3720万两缩小到2700万两左右。③

1931年至1933年，上海卷烟企业因丢失东北市场和英美烟草公司削价竞争，倒闭工厂达36家。1933年，上海民族资本工厂、商店倒闭214家，被迫改组61家。

东北沦陷不仅祸及民族工商业，而且削弱了中国政府财政收入

---

① 张宪文主编：《日本侵华图志》第二十四卷，山东画报出版社2015年版，第293页。

② 刘惠吾主编：《上海近代史》，华东师范大学出版社1987年版，第279页。

③ 田彤：《民国劳资争议研究（1927—1937）》，北京商务印书馆2013年版，第135页。

与内债基金的信用，引起债券狂跌；由于金融界掌握着70%—80%的债券，其损失惨重，银根趋紧，又带来利率上涨。国民党政府为增加财政收入不断提高统税，进一步打击了民族工商业。比如，卷烟统税最初为每箱2元，1932年增加至55元；水泥统税最初为每桶0.6元，1932年增加至1.2元。1931年至1934年，荣氏家族企业被抽去税捐1500余万元；申新一厂1934年负担的捐税比1929年增加30余倍；南洋兄弟烟草公司缴纳的统税占卷烟净销值的34.8%。①

1931年“九一八事变”和远东局势紧张带来上海地价的回落，国际市场白银价格不断下跌，由于白银滞销，外国商品输入中国赚取的白银如果运往海外兑成金币要承受汇率损失，白银出口不兑成金币则要负担栈租与保险费用。上海租界的地价以银价折成金价，同海外各大都市的地价比较，显得十分低廉，因此，在中国赚取大量贸易白银的外国对华出口企业和获得巨额白银利润的外商在华产业，都把投资上海房地产尤其是上海租界的房地产视作避免汇率损失、谋求资本升值的手段。

租界当局为了繁荣经济，抓住国内外白银集聚的机会，竭力活跃租界房地产市场，曾花费数百万元建造楼高22层的上海百老汇大厦，以吸收中外投资；许多华商银行和中资财团亦起而仿效，购买地产建造大厦，加之“大上海计划”刺激，很快引发了一轮房地

① 鲁振祥、陈绍畴、郭飞平：《内争外患的交错》，河南人民出版社1996年版，第545页。

产炒作的热潮。接受房地产抵押发放贷款或转手倒卖房地产能够赢得厚利的市场氛围，促使租界内外房地产价格不断上涨。30 年代初，上海商业储蓄银行账面上的房地产投资达 732 万元，超过实收资本 500 万元的 46.4%；浙江兴业银行房地产占用资金达 554 万元，超过实收资本 400 万元的 38.5%。①

中国以白银为货币，银两由民间自行熔铸由来已久，重量、成色以及与其他货币的换算比率都没有统一规定。到 1927 年，全国以银两计算的货币单位共达 170 种，如海关用的“关平”和上海的“规元”、天津的“行化”、汉口的“洋例”等。而这些“银两”并无实际现货，只是记账的标准。当各地银圆流向上海，银圆过多，其价值便下降了。1928 年至 1931 年，平均每一银圆值上海“规元”七钱三分，1932 年最低时仅为六钱八分八厘半。

1932 年“一·二八事变”后，公债价跌，白银挤兑，内地银锭绝迹，记账银两的收付差额没有现银两抵补，上海商民都不愿使用虚银两，按当时的现银成分，每一银圆正好合“规元”六钱九分九厘（即 0.699 两），铸费在外，以此确定银圆价格，只会升值，不致贬值。但国民党政府为了垄断金融，控制货币供给，统一货币发行，缓解国际白银涌入的冲击，决定进行“废两改元”。

1933 年 3 月 2 日，国民政府财政部通令，“废两”先从上海实施，规定上海自 3 月 10 日起，银两、银圆的换算率以“规元”七

---

① 王克强主编：《土地经济学》，上海财经大学出版社 2014 年版，第 226 页。

钱一分五厘（即0.715两）合银币一元；3月8日，公布实施《银本位币铸造条例》，银本位币定名为“元”，规定重量为26.6971克，成色为银88%、铜12%，即含纯银23.4934克，采用十进位法。财政部于4月5日又告示，自4月6日起，所有公私款项的收付，订立契约、票据及一切交易，必须一律改用银圆，不得再用银两。全国各地按4月5日申汇（即上海汇兑）行市先折合“规元”，再以“规元”七钱一分五厘折合一个银圆。

世界白银生产，墨西哥占首位，其次是美国。但墨西哥白银生产的75%在美国资本支配之下，银价波动，自然影响美国银矿财团的利益。1933年7月22日，伦敦国际货币经济会议签署《国际白银协定》，限制各国出售白银。为了维护银矿财团利益，与英国争夺对银本位制国家尤其是对中国的货币控制权，提高银本位制货币国家尤其是中国进口美国剩余产品的购买能力，缓解1929年至1933年世界经济危机对美国的冲击，1933年12月21日，美国宣布以每盎司0.645美元的价格收购白银，从而使世界白银价格突然暴涨50%。

1934年6月19日，美国政府公布《购银法案》，规定美国的金银储备结构中，白银占1/4，白银收购价格定为每盎司不超过0.5美元。截至1934年3月底，美国黄金储备约85.99亿美元，需要配置28.66亿美元的白银，除去现有的生银和银币外，为保证金银3:1的比例，美国必须再收购11亿盎司白银；而11亿盎司白银相当于世界白银年产量的6倍。8月9日，美国又宣布白银国有，以每盎司0.51美元价格偿付，并在伦敦市场购买白银。市场价与收购价互相追逐，收购价一度抬高至每盎司0.71至0.77美元，而1935年4月，世界白银市场价最高跳至0.81美元，比1932年纽约白银市场最低价上升了3倍。世界市场银价狂涨不是什么好事，它与银价暴跌一样，都给上海和中国经济带来了致命打击。

1934年以前，内地现银不断流向上海，外商白银持续在上海沉淀，国外白银亦乘机输入。如1932年，内地流到上海的银圆约8950万元，1933年增至1.0891亿元。1933年，上海本国银行库存银圆1.8359亿元，若将库存银两、银大条折合成银圆计算，则达2.7181亿元；同年，上海的外国银行库存银圆1.446亿元，若将库存银两、银大条合并计算，亦达到2.7566亿元。[①] 巨量资金在上海堆积，支持了金融与房地产业的畸形兴旺。楼高24层的国际饭店就是这一时期由大陆、盐业、中南、金城四行储蓄会营造竣工的标志性建筑之一。

但1934年后，中国银价低于国际市场价格，上海外国银行每装运白银1000万元出口，即可获利200万至400万元。所以到1934年底，上海外国银行库存现银下降为5467万元，1935年下降为3615万元。

白银外流，松动的银根迅速勒紧，无异于釜底抽薪，通货收缩带来一派萧条。上海地产连同建筑物的市场价值由1931年的50亿

---

① 蒋以任、李锐、李墨龙：《创新：21世纪上海核心竞争力浅论》，上海人民出版社2010年版，第187页。

元，缩减到25亿元。中国农产品价格也急剧跌落，比1931年下降了42%。1934年上半年，中国最大的民族资本纺织公司——上海申新总公司因资金周转不灵，陷入绝境；旗下9家棉纺织厂资产总值6800万元，负债总额已达6300万元。1934年底，申新七厂又因无力偿还汇丰银行200万元押款，险遭汇丰银行以低价拍卖。

1934年，上海民族资本经营的工厂、商店、银行、钱庄倒闭425家，经营困难、改组的约1383家，分别比1933年增加1倍和21倍。1932年中国工农业总产值288亿元，1934年下降为213亿元，农业产值从1931年的244.3亿元下降为130.7亿元，稻米产量仅为1931年大灾之年的34%。①

1935年，上海民族资本企业又倒闭895家，倒闭钱庄10家，倒闭和停业银行12家，申新二厂、五厂被迫停产。截至1935年5月，中国白银外流累计约3亿元，上海批发物价指数比1932年下降14.2%。1935年10月19日，1银圆折合英镑15.8便士；10月26日下跌为14.3便士。②

面临经济濒临崩溃的险恶形势，1935年11月，南京国民政府宣布币制改革，实施法币政策，以外汇本位制取代银本位制；将白银等贵金属收归国有，禁止银圆流通。法币汇价，按过去5年中国银圆对英镑的平均汇价，规定法币1元等于14.5便士；在英国银

① 王相坤：《迎接新中国的日子》，四川人民出版社2014年版，第41页。

② 戴建兵：《白银与近代中国经济（1890—1935）》，复旦大学出版社2005年版，第305页。

行存放价值2500万英镑的白银，作为稳定法币与英镑汇率的准备金。法币加入英镑集团，削弱了美国对中国货币的控制。为了迫使法币与美元挂钩，1935年12月，美国宣布停止在伦敦市场收购白银，企图降低银价，向中国和英国施加压力。

1936年5月，美国政府同中国政府代表在华盛顿签订了《中美白银协定》，美国财政部承诺以50美分每盎司的价格，向中国续购白银5000万盎司；中国则承诺将2500万美元的售银价款全数存入纽约美国银行，作为维持法币与美元汇率稳定的准备金。同时，双方还确定法币与美元的汇率为1：0.3美元，并扩大外汇买卖的差价幅度，使英美汇率波动不致超过限额。法币对日元的汇率比过去5年平均汇率放涨两成以上，定为1：1.03日元。这样，法币既与英镑联系，又与美元、日元挂钩；在英美的挟持之下，中国法币实际上倾向于英镑和美元集团。

1935年12月下旬，中央银行与全部外商银行接洽商定，上海的外商银行以银币60万元配合法币40万元，与中央银行对存100万元，年息5厘，定期两年，期满以法币付还。中央银行存外商银行则按1厘计息。到1936年1月中旬，除日本银行持有约1400万元存银未移交外，上海的外商银行将其2/3存银移交中央银行，总价值近2600万元。①

实施法币政策后，外国银行在中国发行钞票的权利实际已被取

① 中国人民银行总行参事室编：《中华民国货币史资料》第二辑，上海人民出版社1991年版，第211页至215页。

消。外国银行的白银准备也被收归政府所有。1937 年 3 月 26 日，上海 6 家日商银行委托正金银行上海分行与中国中央银行达成协议——日商银行将 892.63 万元存银全部移交；广东、汉口部分陆续移交；青岛以北部分“暂不涉及”。移交条件即等价兑换法币，以 2/3 存入中央银行，年息 4 厘；同时，中央银行以同样数额法币存入日本银行，年息 1 厘，6 年为期。①

根据中国银行 1936 年度营业报告估计，到 1936 年 12 月，政府收回的民间和外国银行的白银，总价值约 3 亿元。实施法币政策是中国货币史上一项重大改革，虽然法币与英、美汇价联系，有利于英美间接控制中国发行准备和货币汇率，有利于英美资本与商品对中国的输入，但它毕竟是中国迈向金融现代化的一大步，也确实取得了多方面积极效果。有学者评价：如果不是通过法币政策，实行金融垄断，则 1937 年日本侵华之际，中国在沿海发达地区沦陷的情况下，将难以集中储备全国的财力和物力，长期坚持抗战。

在自然气候风调雨顺的背景下，1936 年和 1937 年中国农业获得了 20 年来的最大丰收（广东、四川除外），1936 年农业产量比 1933 年至 1935 年的平均产量增长 45%。法币发行扩大，提高了农产品价格，1937 年中期，农产品价格回升到 1931 年水平。与此同时，世界经济复苏，工业总产值、国际贸易额均已超过或达到 1929 年危机前的水平，需求逐步增长。

---

① 中国银行行史编辑委员会编著：《中国银行行史（1912—1949）》，中国金融出版社 1995 年版，第 315 页。

1936 年 12 月，上海的批发物价比币制改革前的 1935 年 10 月上涨 26. 2%，而生活费用只上涨 13%。同期原料及农产品的出口价格上涨 26. 6%，进口价格却只上涨 19. 3%。农民收入提高，开始购买过去不敢企望的工业品，进一步推动了中国经济的恢复。1936 年全国工农业总产值 306 亿元，比 1935 年增长 8%，其中，工业总产值 107 亿元，占工农业总产值 35%，现代工业总产值 33 亿元，占工农业总产值 10%。

在中国经济增长的刺激下，上海民族资本主义经济也取得了不同程度的恢复与发展。1935 年至 1936 年，启新洋灰公司纯益由 149 万元上升为 216 万元，资本盈利率由 11. 39% 上升为 16. 54%；大中华橡胶厂纯益由 21 万元上升为 94 万元，资本盈利率由 10. 5% 上升为 46. 35%；中华铁工厂纯益由不足 1 万元上升为 17. 7 万元，资本盈利率由 9. 52% 上升为 176. 82%。到 1937 年 6 月底，上海已有工厂 5525 家，比 1936 年增加了 20%。①

五、民间组织

1932 年 1 月 28 日，日本对上海进行武装侵略，上海人民坚决支持十九路军御侮。淞沪抗战虽停火，但上海人民抗日救国运动却从此一浪高过一浪。

---

① 姜铎：《姜铎文存》，吉林人民出版社 1996 年版，第 368、369 页。

1933 年 6 月 18 日，国民党特务在上海暗杀中国民权保障同盟总干事杨杏佛。

1934 年 11 月 14 日，国民党特务在沪杭公路暗杀上海临时参议会会长、支持抗日救国运动的《申报》首脑、金融巨子史量才。

1935 年，日本帝国主义制造华北事变，成立冀东汉奸“自治政府”，企图使华北变为第二东北。8 月 1 日，中国共产党在长征途中发表《为抗日救国告全国同胞书》；12 月 9 日，北平学生在中国共产党领导下掀起抗日救国运动的怒潮，上海学生在中国共产党领导下也组织了声势浩大的赴京请愿运动。

12 月 12 日，上海文化界 283 人，由百岁老人马相伯领衔发表《上海文化界救国运动宣言》，表示“站在民众的前面而领导救国运动”，要求讨伐伪组织，反抗侵略，并实现人民结社、集会、言论、出版的自由。

1936 年 1 月，上海各救国团体在市总商会礼堂成立“上海各界救国联合会”，选举宋庆龄、何香凝、沈钧儒、马相伯等 30 人为理事。会后，2 万余群众游行到宝山庙行，公祭“一・二八”淞沪抗战牺牲烈士；不久，沙千里组织的上海职业界救国会和陶行知组织的上海国难教育社也加入其中。

1936 年 2 月，中国共产党在上海重建江苏省委，领导地下革命活动。

1936 年 5 月 31 日，在全国各地救亡运动广泛开展、救亡团体风起云涌的基础上，“全国各界救国联合会”在上海成立，十九路军的代表也出席了大会。救国会推选宋庆龄、何香凝、马相伯、陶行知、邹韬奋等41人为执行委员，其中，沈钧儒等10人为常务委员。成立大会通过了《抗日救国初步政治纲领》，宣言全国团结，停止内战，建立统一的抗敌政权。“全国各界救国理美合会”在国统区率先响应中国共产党号召，公开批评当局“攘外必先安内”的错误国策，并组成了代表广大民众的救国联合阵线。至此，上海的抗日救亡运动达到了新的高峰。

然而，1936年11月22日，国民党政府制造了迫害爱国人士的“七君子事件”，以“危害民国”的荒谬罪名，逮捕“全国各界救国联合会”领袖沈钧儒、章乃器、李公朴、王造时、沙千里、邹韬奋，史良闻讯毅然投案。国民党政府的倒行逆施，激起了广大人民的强烈愤慨，营救“七君子”的呼声遍及海内外；救国会刊登宣言表示绝不屈服于当局的淫威，宋庆龄、马相伯等则发布声明提出强烈抗议。连国民党军政要员冯玉祥、于右任、李宗仁等也都反对逮捕“七君子”；张学良、杨虎城更是一再要求蒋介石释放“七君子”。

1937年6月，上海市民5000人举行抗议大会，声援“七君子”，呼吁取消《危害民国紧急治罪法》，并发起了万人参加的签名运动。宋庆龄、何香凝、胡愈之等16人组织“救国入狱运动”，提出“爱国有罪，则与沈钧儒等同受处罚”。7月5日，宋庆龄等12人冒着酷暑，携带行李奔赴苏州要求入狱，进一步揭露了国民党政府的丑恶面目。

抗战前夕，上海民族资本企业为增强国家抗战力量，主动成立了由颜耀秋、胡厥文、支秉渊等11名著名国货企业家参加的上海工厂联合迁移委员会，发起了一场工厂内迁运动。但由于国民党政府不予重视，既没有安排周密计划，也没有提供充分运力保障工厂内迁顺利进行；至上海沦陷之前，仅内迁民族资本企业148家，内迁技术工人2100多名、机件物资1.24多万吨。① 不过，这些分布于四川重庆北碚、自流井（今四川自贡市），湖南长沙、湘潭，云南昆明，湖北宜昌、岳阳、恩施，广西桂林，贵州贵阳，陕西西安等地的上海内迁工厂，仍为抗日战争时期大后方民族工业的建立和发展做出了极其重要的贡献。

1936年以前，四川省工业基础十分落后，仅有大小工厂88家，超过100名工人的工厂仅20多家。上海内迁的工厂不仅数量多，而且规模大，仅机器业内迁工厂就有46家。这些内迁机器厂后来成为“抗战时期后方机器工厂之中坚”。② 除了机器业，其他行业的内迁工厂则有当时上海“开全国机械制纸工业之先河”的龙章造纸厂、“设备与资本素列全国制罐业第一”的康元制罐厂、位居全国搪瓷业之首的益丰搪瓷厂、“执上海橡胶业之牛耳”的大中华橡胶厂、“中国最大之丝织厂”的美亚丝织厂，以及大鑫钢铁厂、新亚制药厂、亚浦耳电器厂、华生电器厂、天原化工厂、商务印书馆

① 马骏杰：《中国海军长江抗战纪实》，山东画报出版社2013年版，第419页。
② 潘君祥主编：《近代中国国货运动研究》，上海社会科学院出版社1998年版，第307页。

等一批全国数一数二或全国著名的大企业。其中，大鑫钢铁厂是所有内迁工厂中开工最早的企业，也是后方最大的民营炼钢厂；天原电化厂是后方化工业中最大的企业，龙章造纸厂是后方最大的造纸厂。

抗战初期，上海的内迁工厂还有一些通过西安，辗转到达中国共产党领导的陕甘宁边区抗日根据地，对陕甘宁边区的工业发展产生过重要作用。利用五金厂就是从上海迁出的机器厂，该厂内迁陕甘宁边区，后并入修械厂，组成了陕甘宁边区机器厂。它先后为边区的印刷厂、纸厂、药厂、煤油厂、纺织厂制造了各种关键设备，还帮助兵工厂生产了大批武器，培养了边区工业建设的技术骨干力量，创造了边区经济发展的有利条件。利用五金厂负责人沈鸿曾被多次评为陕甘宁边区劳动模范，当时的延安《解放日报》把沈鸿等人称为“我们的工程师”；毛泽东、林伯渠等同志也曾把沈鸿誉为“边区工业之父”。①

六、战时动员

1937年8月13日上午9时15分，日军进犯上海，史称“八一三事变”。8月25日，根据国共两党合作抗日协议，中国共产党中央军事委员发布命令，将中国工农红军改编为国民革命军第八路

① 中共上海市委党史研究室、上海市档案局主编：《日出东方——中国共产党诞生地的红色记忆》，上海锦绣文章出版社2014年版，第69页。

军；八路军在上海设立办事处，潘汉年为办事处主任。南京国民政府先后调集 73 个师约 70 万步兵保卫京沪杭地区，与海陆空总兵力 30 多万的日军在上海进行殊死决战。上海各界人民全面动员，以生命和财产热情支援中国军队反击侵略。

在三个月的淞沪会战中，中国军民表现出的与民族敌人血战到底的英雄主义与牺牲精神，赢得了全世界的赞誉。

日军久攻不下，损失惨重。11 月 5 日，敌寇偷袭金山卫登陆成功，后突击松江。11 月 9 日，松江失守，中国军队腹背受敌，被迫放弃上海。11 月 2 日，上海沦陷。是月，中国共产党江苏省委在上海恢复，刘晓任书记，刘长胜、张爱萍、王尧山、沙文汉等为省委委员，分别担任工委书记、军委书记、组织部部长和宣传部部长。

在淞沪会战中，中国军队遭遇伤亡。1937 年 12 月 13 日，日军占领南京，屠杀中国人民，侵华日军被世界舆论公认为丧失人类良知的“野兽集团”！在“八一三”炮火轰炸下，上海无数平民家破人亡，流离失所，难民多达百万。上海经济也受到日军疯狂摧残，杨树浦、闸北、沪西、南市一带重要工业区几乎全被烧毁，工业界损失达 8 亿法币，全市总计损失在 30 亿法币以上。1937 年战争之后，上海有 2370 余家工厂受到破坏，产业工人只剩 2.7 万，不足战争之前的 1/10。①

上海虽然沦陷，但租界仍为英、美、法等帝国主义控制。由于

---

① 时事问题研究会编：《抗战中的中国经济》，中国现代史资料编辑委员会 1957 年版，第 181 页。

英美在远东拥有相当实力的海军力量，美国 1937 年至 1939 年还在向日本输出商品，总计约 7.6 亿美元，其中，军需物资约 3.3 亿美元；因此，日本军方“南进”与“北进”两派意见尚不统一，皆不愿触怒西方列强，租界由此便成为上海民族资本谋求发展的一块“飞地”。

中国政府的中央银行、中国银行、交通银行和农民银行在上海租界坚持营业，联合上海华商银钱业和英美在上海的外商银行，进行稳定法币国际汇率及法币兑换外汇业务，维持法币在东南和华北沦陷区的流通信用，打击伪钞发行，秘密调度沦陷区法币资金，抢购沦陷区物资运往后方，以及支付重庆军政机关汇款。

中国东南沿海经济发达地区沦陷以后，各省市许多富豪和殷实家庭云集上海租界避难。欧洲惨遭德国法西斯迫害的犹太难民也有 1.5 万人众前来上海谋生。1938 年春开始，租界内的游资急剧增长。1938 年约 5 亿元，1939 年约 12 亿元，到 1940 年 5 月，由于欧洲战场英国失利，法国投降，比利时、荷兰被德军占领，英镑、法郎等欧洲外汇跌价，过去逃往国外的资本为规避风险大量回流国内。租界游资总量达到 50 亿元左右（按 1940 年黑市汇价约相当于 2 亿美元）。

与此同时，东南地区贫苦百姓亦大量涌入租界谋生。1937 年，租界人口不到 170 万，1938 年达到 450 万。游资为融资提供了便利，人口激增扩大了市场需求和廉价劳动力的供给。在多种特殊条件作用下，以公共租界和法租界为庇护的上海经济，在“孤岛”时期出现了一派迅速恢复的畸形繁荣。到 1938 年底，公共租界的工厂开工总数已发展到 4700 多家，产业工人总数达到 23 万多人。1938 年 10 月至 1939 年 2 月，上海租界地区又新建大小工厂近 2000 家。如造纸工业，战前上海仅 10 家，在“孤岛”时期恢复和新建约 18 家；又如，到 1941 年底，上海民族机器业工厂总数达到 736 家，毛纺织业、染料业、木材业、造纸业的生产都超过了战前水平。①

“孤岛”时期各行业新设工厂增加，所需机器数量十分可观。外国机器价格太高，各厂不胜负担，于是原来向国外进口机器的企业无不改用国产机器。各机器厂出产有限而需要日多，故各厂无不营业鼎盛，市利三倍。高额工业利润为各企业带来大量盈余，连一些原先亏损严重的企业如著名的申新系统纱厂等在战前的大宗积欠，也都在这几年中得以偿清。

除工业以外，上海商业也兴盛起来。抗战初期，内地与上海物资交流受日伪军管限制；广州和武汉沦陷后，全国进出口中心又重新移至上海，加上与内地交通恢复，上海百货行业从 1939 年起突然转旺，同业户数达千余家，比战前增加了一倍左右。工商业的繁荣促进了进出口贸易的增长。1939 年，上海进出口贸易总额竟超过 20 亿元。②

---

① 徐剑雄、杨元华：《上海抗战与国际援助》，上海人民出版社 2015 年版，第 172 页。

② 陈国灿：《江南城镇通史（民国卷）》，上海人民出版社 2017 年版，第 157 页。

游资充裕和办厂开店的热潮，重新推动了房地产价格上扬。1937年，上海地产交易总额630万元，1938年达到1329万元，1939年又猛增到5564万元。1939年，公共租界月平均建筑数304件，月平均建筑值176万元，分别比1938年增长11%和15%；法租界月平均建筑数和建筑值，更比1938年增长14%和268%。[①]

中外银行在上海租界继续以法币买卖外汇，巩固了法币对伪币的优势，增强了沦陷区人民使用法币拒用伪币的信心。中国政府以上海租界为中心的金融斗争，在一定程度上抵制了日本的经济掠夺。伪中储券发行之前，日军急需华北棉花等土产，只能通过正金银行出售外汇换取法币才能收购；伪中储券发行之后，直到1939年4月，在天津租界也只能以0.75：1的价格换取法币。

1940年起，日军加紧对上海租界进行原料、交通封锁及市场垄断，“孤岛”时期的繁荣开始逆转。日军对进出口租界的原料和产品课征重税，设卡勒捐；对棉花、丝茧、皮革、钢铁、煤炭实行统制，限价收买，严防战略物资从沦陷区流出；对通往内地的交通线和各地海口实行封锁，使上海产品无法大批量进入中国大后方市场。日军为实现其“以战养战”对付中国持久战的阴谋，利用劫夺上海租界以外的中国企业，开办日资工厂和所谓合资工厂组织生产，在军队保护下垄断沦陷区市场，并允许这类企业产品暗中流入中国大后方，挤占上海租界企业的产品市场。

---

① 刘惠吾主编：《上海近代史》，华东师范大学出版社1987年版，第386页。

1941年，上海租界在原料紧缺、市场缩小的打击下，逐渐衰落萧条，企业倒闭日渐增多。租界棉纺织业产量比1940年减少1/3，染织业1941年下半年产量比上半年下降60%，面粉企业除了福新、阜丰两厂开工，其余各厂均已停产，对外贸易也每况愈下。

1941年12月8日，日本不宣而战偷袭美国海军基地珍珠港，太平洋战争爆发。是日凌晨，上海日军越过苏州河占领公共租界，法租界因为1940年6月22日法国维希政权已向德国投降，所以未被日军公开占领；是日凌晨，日军进攻香港，进攻美国殖民地菲律宾和英国殖民地马来亚。

在日本导演下，1942年2月23日，法国维希政权声明放弃在华治外法权和租界；7月30日，日本军事当局操纵汪伪政府宣布接收上海公共租界和法租界。依靠侵略建立的上海租界，至此以强盗对强盗的抢劫而结束了它的历史存在。日军在占领公共租界，没收英、美企业的同时，用军事管理、委任经营、租赁等名目对中国企业进行掠夺，对尚未侵占的企业则用物资统制的办法进行“抢劫”。在日军统治下，上海“孤岛”时期的畸形繁荣也随之烟消云散。

除了物资统制，日军又用强迫推行中储券的办法，对人民进行掠夺。太平洋战争爆发前，中国政府利用国家银行上海分行在租界与日伪进行金融斗争时，日军尚准许法币流通，此举有利于它将沦陷区搜刮来的法币，在上海租界按官价套取外汇，向英美购买物资。太平洋战争爆发，英美对日贸易不复存在，日军套取外汇已无利可图。1942年5月27日，汪伪政府宣布禁止法币流通，按2：1

的比价收兑法币。1942 年，每两黄金按官价折合伪中储券 2.1 万元；1944 年 1 月，每两黄金折合伪中储券 10.21 万元。1942 年以后，伪中储券发行急剧增加，到 1945 年 8 月，伪中储券发行额达 4 万多亿元，比 1941 年膨胀 30 多万倍。①

在日伪掠夺下，上海社会经济受到致命破坏，变得更加畸形：首先，由于物资统制，生产资料极度缺乏，工业全面萎缩。1942 年，上海工业耗电量指数仅为 1936 年的 1/2；1943 年，全市华商工厂约有 2/3 倒闭，只剩下 1145 家，工业耗电量指数仅为 1936 年的 40%；到 1945 年，上海华商工厂的生产实际已经停顿，日资工厂的开工率也仅为战前生产能力的 1/4。②唯有医药工业发展速度加快，出现了新亚、中法、久安等一批大型企业集团。

其次，由于生产下降和通货膨胀，生活资料极度缺乏，物价奔腾式飞涨。1945 年，上海批发物价指数比 1941 年底增长 5400 多倍。③

第三，由于沦陷区游资继续在上海集聚，日伪官员贪污成风，财富暴涨，投机事业空前活跃。钱庄、银行变作证券和黄金投机的主要力量，工商业资本家亦普遍插足证券投机，汉口路证券大楼炒作者人满为患。1943 年，上海新设钱庄竟达 146 家；到 1945 年，

---

① 姚会元：《日本对华金融掠夺研究（1931—1945）》，武汉出版社 2008 年版，第 237 页。

② 郑友揆、程麟荪：《中国的对外贸易和工业发展（1840—1948）》，社会科学院出版社 1984 年版，第 155 页。

③ 何旭艳：《上海信托业研究（1921—1949）》，上海人民出版社 2007 年版，第 196 页。

全市钱庄229家，比战前增加183家；银行208家，比战前增加134家。证券投机加快了伪币贬值，日伪于1942年6月曾一度取缔证券交易，游资立即调头转向房地产投机。1943年，全市房地产成交额达5亿元，比1937年增加近80倍。1944年5月，上海房地产公司竟达300家。①

在日伪统治下，上海人民生活也是苦不堪言。日军为了搜刮各种物资维持战争，对华界、租界各种日常用品都实行统制配给，粮米首当其冲，买米须凭市民证领取的购米证，每周为一期。每人每期购米1.5斤，只能供二三天食用，而且其中半斤是碎米，以后碎米增至1斤；不久碎米又变成苞米粉，市民忍饥挨饿，路旁饿毙者常有所见，冬季寒潮后，冻饿倒毙者猛增，以至慈善团体都来不及善后。

此外，上海用煤历来依赖北方，市民90%使用煤球炉。战争爆发，运输不至，发生煤荒，每担从30元（1943年3月）涨到1200元（1944年10月）。不少家庭因燃煤匮乏，改烧木柴。市区无木可采，柴贩沿沪宁、沪杭两路收购木柴，有的地方连果树、桑树也被砍伐，木柴每担售价万元，而买不起者，只能拆门窗、劈桌椅当柴烧。

日伪还采用各种手段搜刮钱财，毒害、腐蚀中国人民。日军将东北烟土运来上海，卖给售烟土行。一时上海大小烟土行多达

① 朱荫贵：《论抗战时期的上海华商房地产股份有限公司》，复旦大学历史系编：《明清以来江南城市发展与文化交流》，复旦大学出版社2011年版，第267页。

200—300 余家，伪上海市市长陈公博、伪内政部长梅思平也自领执照开设烟土行售烟。至 1945 年，上海已有“烟民”10 万。日伪当局甚至鼓励赌博，伪市政府有“上海娱乐会社监督处”，专发赌场执照，赌场由此从半公开的 6 家增加到 21 家。日军在上海扶持花会赌博总会，雇佣几百名称作“航船”的跑脚，到处拉拢市民参赌下注，上海市民受害者达 50 万人，倾家荡产者至少 4000 户。①

日军把租界中的外国侨民分为“敌性”和“非敌性”两种。“敌性”者为英、美、荷兰等与之交战国的侨民，“敌性”侨民中的成年男子全被关押浦东集中营。在沪的“敌性”外国侨民和上海人民一样惨遭日军铁蹄践踏。

在中国共产党领导下，上海人民进行了顽强斗争，许多共产党员和党外爱国人士在上海英勇牺牲。上海工人阶级以各种方式破坏日伪军需生产，学生爱国运动不断发展。文艺界进步团体利用报刊、电影、戏剧，宣传欧洲战场反法西斯战争的胜利进展，歌颂中国历史上的民族英雄。许广平、夏丏尊、章锡琛等知名人士曾遭到日军逮捕，郑振铎、吕思勉等不仅拒绝汉奸赠送金钱的收买利诱，而且怒斥日伪的卑鄙无耻。著名京剧演员梅兰芳蓄须明志，宁肯靠卖画甚至典当度日，也不愿为敌伪演出。在市区人民不屈不挠进行斗争的同时，中国共产党领导的郊县抗日武装也在日益壮大。

1945 年 8 月 14 日，在中国军民和国际反法西斯力量的共同打

① 熊月之主编：《稀见上海史志资料丛书》第七册，上海书店出版社 2012 年版，第 158 页至 160 页。

击下，日本法西斯宣布无条件投降。9 月 5 日，中国军政官员飞抵上海；9 月 12 日，上海市政府成立，中国军队接受淞沪 15 万日军投降。然而国民党政府接收上海后，继续实行独裁统治，竭力扶植官僚资本，疯狂掠夺人民财产，向美国垄断资本全面开放中国市场。

第五章　社会主义现代化建设的上海实践

一、道路选择

1945 年，中国共产党和中国国民党在抗日战争前夕分别召开了中国共产党第七次全国代表大会和中国国民党第六次全国代表大会。中国共产党要把抗日战争胜利变为人民的胜利，变为民主革命的胜利；而国民党却要把抗日战争的胜利变为大地主、大资产阶级的胜利，变为专制独裁的胜利。前一种主张见之于中国共产党第七次全国代表大会，后一种主张见之于中国国民党第六次全国代表大会。美国选择了蔑视人民力量的国民党，但人民选择了依靠工农大众的共产党。历史最终证明，人民的选择总是历史发展方向的决定力量!

1946 年，国民党政府动员 400 多万军队，在美帝国主义的支持下发动了全国范围的反革命内战。日本投降时，国民党政府手中握有9亿美元外汇，价值4亿美元的600万两黄金，并从日伪手中接收了价值10亿美元、约4万亿元法币的资产。① 但中国共产党领导的中国人民解放军很快便由战略防御转入战略进攻。到1947年2月，国民党政府出售的外汇已达储备量的1/2，黄金储备也骤减60%，法币开始进入“奔腾式”通货膨胀的崩溃阶段。

在国民党反动政治制度、经济政策的摧残和美国剩余物资倾销的冲击下，上海民族资本工商业陷入了绝境。面粉业1947年产量仅为生产能力的1/4；1948年，制药业70%的工厂停闭或半停闭；900余家民营机器厂和铁厂开工率仅30%；棉纱产量从1947年的59.9万件下降为39.6万件。工业濒临困境，商业也难以支撑，进口贸易行业大多数入不敷出，纷纷歇业。1948年，旧中国最大的百货公司——永安公司共计亏损2.38亿元，已内囊耗尽，虚有其表。②

金融业1947年存款总额虽有增长，但因货币贬值，不少私营行庄虚盈实亏，银行商号停业达数百家。民族资本金融业衰落趋势日益明显。1946年6月，全国商业银行存款为法币2300亿元，按当时上海批发物价指数为战前3724倍计算，实际价值折合战前法

① 陈绍闻、郭庠林主编：《中国近代经济简史》，上海人民出版社1983年版，第278页。

② 中共上海市委统战部、中共上海市委党史研究室、上海市档案馆编：《中国资本主义工商业的社会主义改造：上海卷》下册，中共党史出版社1993年版，第1415页。

币仅6200万元。1947年6月，全国商业银行存款总额上升为法币1.429万亿元，按同期上海物价指数3万倍计算，实际价值折合战前法币仅4774万元。1948年8月19日，全国商业银行存款60万亿元，按物价指数800万倍计算，实际价值折合战前法币仅750万元，足见当时银行、钱庄数字庞大的存款实际价值少得可怜。①

在中国共产党领导下，上海人民工人运动、革命运动、学生运动不断高涨，上海成为人民革命推翻国民党统治第二条战线的主战场之一。上海人民掀起了争取生存、反饥饿、反内战、反迫害等大规模群众运动的革命风暴，有力地配合了人民解放军的胜利进程。然而，国民党反动政府却疯狂镇压人民革命运动，彻底暴露了以假民主掩盖真独裁的伪装，上海民族资产阶级也开始丢弃幻想，不再抱有期待美国与国民党政府帮助民族资产阶级发展资本主义经济的希望。许多工商业者倾向人民革命，积极参加反对美蒋统治的斗争。

1949年4月21日，人民解放军百万雄师横渡长江。4月23日，国民党政府首都南京解放。5月12日，人民解放军兵临上海。5月23日，人民解放军突破国民党军队外围防御体系的现代化钢筋水泥堡垒；5月24日，攻占苏州河以南的上海市区；5月25日，国民党残余军队在刘昌义率领下宣布起义，上海市区解放。

1949年5月31日，新华社发表毛泽东同志亲自改定的社

---

① 叶全良、余鑫炎主编：《商业知识辞典》，湖北辞书出版社1987年版，第303页。

论——《祝上海解放》。社论指出："上海是工人阶级的大本营和中国共产党的诞生地，在长时间内也是中国革命的指导中心，虽然反革命势力的野蛮的白色恐怖迫使中国革命的主力由城市转移乡村，但上海仍然是中国工人运动、革命文化运动和各民主阶层爱国民主运动的主要堡垒之一……上海的革命力量和全国的革命力量相配合，这就造成了上海的解放。"①

在上海解放战役胜利前夜，为了迅速突破上海外围的坚固工事，为了切实保障上海完好无损地回到人民怀抱，中国人民解放军的无数优秀战士献出了年轻的宝贵生命。在上海解放战役胜利前夜，无数共产党员和党外革命者在监狱里，在各种形式的革命斗争场合被国民党秘密或公开杀害，光荣地牺牲在上海的土地上。他们和 1840 年以来为反对内外敌人，争取民族独立和自由幸福，为人民革命和人民解放斗争牺牲的人民英雄一起，将永远活在上海人民心中！

二、百废待兴

现实是过去历史的延伸，创新则意味着继承者对历史过去的超越。上海改革开放 40 年取得的辉煌成就与改革开放前 30 年社会主义建设的耕耘播种，存在着密不可分的血肉联系。

① 刘惠吾主编：《上海近代史》，华东师范大学出版社 1987 年版，第 535 页。

1949年5月的解放，标志着上海当代史的开端。5月27日，中国人民解放军上海市军事管制委员会成立，5月28日，上海市人民政府成立。

当时上海约550万人口中，失业工人、店员及其家属100多万；乞丐、娼妓、游民等约12万，专以投机为生的人口20多万；1.2万多家工厂能够维持开工的不足4000家。① 在国民党统治年代长期恶性通货膨胀的影响下，大家得了钞票就害怕，竭力不让它留在身边过夜，哪怕暂时用不着或根本不需要的东西都尽量地买起来；“工不如商、商不如囤”的投机活动达到疯狂程度。

被赶出大陆的国民党反动派不甘失败，凭借海空力量，对上海实行海上封锁和空中轰炸，企图切断上海的内外联系，窒息上海经济。而新成立的上海市人民政府手中储备的棉纱仅够工厂一个月生产，大米仅够维持市民半个月口粮，煤炭仅够一个星期的消耗。

7月24日，上海又遭30年未遇的台风袭击，由于国民党政府长期忽视防汛措施，海塘江堤受损严重，洪峰倒灌，江西路九江路的市政府大厦内水深过膝，南京路可以行船。

中央对上海面临的困难十分关注，决定迅速调动物资供应上海，全国各地所属人员冒着敌机轰炸的危险将物资运往上海，保证了上海社会生产和人民生活。

上海解放以后，市军管会和人民政府依照法规没收了官僚资本

---

① 上海市精神文明建设委员会办公室编：《做可爱的上海人——上海市民手册》，上海辞书出版社2005年版，第4页。

企业，使之成为首批国营企业；对社会黑暗势力进行了严厉打击，惩处了一大批罪大恶极的恶霸流氓；对社会上 10 万多国民党散兵游勇、3 万余名娼妓实施了收容、教育、改造；开展了社会民主改革和农村土地改革；采取加工订货、收购代销和配售原料的方式帮助资本主义工商业恢复生产。到 1949 年底，上海主要行业开工率已从 7 月份的 25% 上升到 61%。

1950 年 3 月以后，在土地改革形成的农村购买力，东北、华北等地基本建设形成的工业投资购买力和抗美援朝形成的军需购买力的推动下，上海经济形势进一步好转，工商业出现了淡季不淡、旺季更旺的局面。

1951 年，上海工业生产比 1950 年增长 54%，1952 年又比 1951 年增长 22%，主要工业品产量都超过了解放前的历史最高水平，其中，钢材增长 17 倍，钢产量增长 9 倍，水泥增长 16.1%，棉纱增长 9.2%，发电量增长 3.1%。① 市场物价全面稳定，失业严重现象得到改善，国家机关和国营企业职工工资提高，私营企业的职工福利待遇改善；人民群众生活的提高和改善又进一步推动了上海经济的恢复和发展。

旧中国的上海工商业充满了半殖民地经济的特点，生产资料和高档消费品等重要工商业都被帝国主义和官僚资本所操纵与垄断，虽然曾有繁荣的一面，但也存在着脆弱的一面。工业整体实力很

① 蒋以任、李锐、李墨龙：《创新：21 世纪上海核心竞争力浅论》，上海人民出版社 2010 年版，第 433 页。

弱，结构偏轻，尤其缺乏重化工业和机械制造工业，出口多以茶叶、生丝等初级农产品为主，除1915年外，上海的对外贸易全是逆差；各种同国计民生有关的基本工商业皆没有现代装备工业与原材料工业的强大基础，相当多的工商业不得不表现出依赖性、投机性与盲目性。

而且，新旧社会两重天，解放前夕的上海实际已陷入经济崩溃的深渊。1945年8月15日，日本宣告无条件投降，上海“光复”，国民党对沦陷区人民却以收兑伪币为名进行了一轮疯狂的洗劫，当局不顾法币对伪币1∶50的实际比值，强制规定法币与伪中储券的比值为1∶200；当年曾被汪伪政权强迫以2∶1比值用法币兑换伪中储券，因而财产损失过半的上海人民又一次被掠走3/4的财产。

1946年6月26日，蒋介石撕毁亲手颁布的《停战协定》和重庆政治协商会议《五项协议》，悍然发动了反人民的内战。为筹措内战经费，国民党蒋介石集团，以其半数以上预算用于军事，对外出卖国家主权换取美帝国主义的援助，美国剩余物资大量涌入，冲击上海市场，给民族经济带来深重灾难；到1946年7月，上海636家官办工厂倒闭566家，占89%；3419家民族资本工厂倒闭2470家，占75%；对内则滥发纸币，剥削人民，连年财政赤字全靠发行弥补。①

至1948年8月，法币发行量已猛增到抗战前的47万倍，物价

① 夏泰生、李震主编：《中国投资简史》，中国财政经济出版社1993年版，第181页。

则暴涨了492万多倍（迄抗战争胜利的1945年8月，法币发行较1937年6月增加了390余倍，重庆的物价指数较战前暴涨1700余倍，上海更高达8.11万余倍）。①

在法币成为废纸之时，国民政府又导演了一场“币制改革”的骗局。1948年8月19日宣布废止法币，发行“金圆券”，规定以1：300万的比价限期收兑法币；并强制收兑黄金、白银、外币，掏空了全国人民的口袋；到10月底，上海就被掠走114.6万两黄金，369万多块银圆、96万余两白银，3442万美元，1100万元港市。

金圆券发行之初，国民政府曾声明发行额为20亿元，至1949年5月，金圆券实际发行68万亿元，从1946年6月到1949年5月，物价比1937年6月暴涨了36万亿倍，粮价比1937年6月暴涨47万亿倍，分别为通货增发倍数的248倍和324倍。

1949年5月21日，上海大米每石金圆券4.4亿元，若以每石米320万粒计，买一粒米就要金圆券130余元。“粒米百元”，就是解放前夕上海惨不忍睹的经济崩溃写照。国民政府代总统李宗仁1949年1月22日承认：“在八年抗战之后，继之以三年之内战，不仅将抗战胜利后国家可能复兴之一线生机毁灭无遗，而战祸遍及黄河南北，田园庐舍悉遭摧毁荒废，无辜人民之死伤成千累万，妻离子散啼饥号寒者到处皆是。此一惨绝人寰之浩劫，实为我国内战史上空前所未有。”国民政府行政院长孙科也曾检讨说：“半年以来，

① 谢石敏：《世界经济大战：列强称霸之路对中国经济的启示》，中国发展出版社2013年版，第347页。

因战祸蔓延，大局发生严重变化，人民痛苦万状。凡此种种，均系过去所犯错误、失败及不合理现象种下前因，以致有今日局势严重之后果。”①

社会主义制度的确立拨云雾而见青天，极大地解放了社会生产力，扬眉吐气，当家做主的上海人民爆发出建设社会主义的冲天干劲。

三、全面建设

1953 年，上海开始进入全面建设时期。加快上海社会主义工业化步伐，为国家社会主义工业化贡献力量是这一时期上海经济建设的主要目标。1956 年，上海提前一年完成了第一个五年计划，到 1957 年，上海工业发生了极其明显的变化：一是工业发展速度加快，工业在社会总产值中的比重上升，工业年平均增长速度 14. 5%，工业总产值在社会总产值中的比重上升到 78. 8%。二是在工业结构中，重化工业比重迅速提高，1949 年，重化工业占上海工业的比重约 11. 8%，到 1957 年已上升到 31. 3%。② 三是在重化工业内部，各部门发展比较齐全，相互配套能力增强；机电、钢铁、

① 毛泽东：《评国民党对战争责任问题的几种答案》，1949 年 2 月 18 日，中共中央文献研究室中央档案馆编：《建党以来重要文献选编（1921—1949）》第二十六册，中央文献出版社 2011 年版，第 142、143 页。

② 蒋以任、李锐、李墨龙：《创新：21 世纪上海核心竞争力浅论》，上海人民出版社 2010 年版，第 434 页。

化学、造船、建材都有发展。其中，以机电工业发展最快，在重工业中的比重占50%左右，机电工业一方面为上海轻纺工业提供了必要的国产装备，另一方面也支援了全国的重点建设。四是轻纺工业生产了一系列满足人民生活需要的新产品，日用品三大件——自行车、缝纫机和收音机产量成倍增长。

第一个五年计划时期的发展，奠定了上海成为我国最大的工业、制造业中心之一的基础。在第一个五年计划和以后几个五年计划中，上海不仅扩大和新建了数以千计的大中型企业，而且卓有成效地多次展开了企业组织结构的改组。

第一次改组，从1956年下半年起，上海结合公私合营和社会主义改造，对大批设备陈旧、规模过小的企业，按产品和行业进行归类合并，将各行业所属企业分为主导产品制造、协作配件、附属设备生产和维修服务等几大部分，从而提高了上海工业的专业化生产水平和规模经济效益。1952年，上海共有工厂2.58万家，每厂平均拥有职工28人，其中，9人以下的小厂约1.56万家，到1957年，全市工厂从2.58万家减少到1.71万家，每厂平均拥有职工上升到57人。①

第二次改组，从1958年起，上海继续根据专业分工和规模经济原则把大批小厂再合并为行业的骨干工厂；并适应创建钢铁工业和新兴仪表电子工业的需要，把纺织、轻工等其他行业的大批企业

---

① 蒋以任、李锐、李墨龙：《创新：21世纪上海核心竞争力浅论》，上海人民出版社2010年版，第435页。

与服务部门的职工并入重化工业；把以农副产品为原料的轻加工业迁移到原料产地；促进了大型钢铁、化工和机电设备制造企业的兴建和工业结构的升级。当时转入钢铁行业的职工超过3万，调入仪表行业的职工接近2万。

第三次改组，从1964年起，为解决“大跃时”时期工业扩张数量发展快和质量不够高的矛盾，上海提出了集中财力、物力、人力，有计划、有重点发展新设备、新技术、新工艺和新材料的“四新”方针，着重建设电子设备制造、石油化工、高分子合成材料、精密机床、特种设备制造、精密仪器仪表、新型金属材料和新型非固体材料等新兴工业，积极发展电子计算机技术、工业自动化技术、激光技术、红外技术、真空技术、焊接新技术、电加工技术以及氧气炼钢、连续铸钢等18项新技术。“四新”方针的提出和落实，产出了万吨水压机、双水内冷发电机、20万倍大型电子显微镜等在国际上也处于领先地位的新设备和新仪器，推动上海工业迈上了一个技术先进的台阶。①

经过第一个五年计划和以后几个五年计划的发展，上海建立了电子、仪表、石油、化工、新型材料等新兴工业，进一步发展了冶金、机械、化工、造船等重化工业。在较短时间内，从以轻纺工业为主，发展成轻、重工业各半、工业门类齐全，产业关联度高、综合配套能力强、技术先进的产业结构，改变了旧中国上海工业结构

① 蒋以任、李锐、李墨龙：《创新：21世纪上海核心竞争力浅论》，上海人民出版社2010年版，第436页。

的畸形状态。上海经济、特别是上海工业在全国的地位和对全国的贡献日益突出。

上海逐渐成为全国消费品和全国重要国产设备、许多大型成套设备的生产和供应基地。从 1949 年到 1978 年，全市工业增长 22.6 倍，调往全国各地的工业消费品占全国各省市间调拨量的 1/3，上海口岸的出口总值占全国出口总值的 1/4，上海产品出口总值占全国出口总值的 15%。①

上海以超常的高效益和规模经济效益努力完成为国家建设积累资金的任务。在国家廉价能源、原材料和市场都有指令性计划保障的特殊条件下，从 1949 年到 1978 年，上海财政收入 2713 亿元，扣除地方财政支出和中央在沪投入，累计上缴财政 2000 亿元。②

此外，上海按照国家统一规划和部署，抽调大批人才，支援内地建设。从 1949 年到 1978 年，上海向各地输送科技人员和熟练技术工人 56 万，其中包括精通金融、贸易、经营、管理和科学、文化、教育、卫生等方面的高层次专家、学者。③ 与此同时，教育、科学、文化、卫生事业也有很大发展，普及了小学教育，提高了初、高中、大学的升学率，培养出几十万专门人才；取得了一大批达到国内外先进水平的科技成果；创作了许多为人民服务、为社会

① 蒋以任、李锐、李墨龙：《创新：21 世纪上海核心竞争力浅论》，上海人民出版社 2010 年版，第 436 页。
② 姚锡棠：《浦东崛起与长江流域经济发展》，上海科学技术出版社 1995 年版，第 73 页。
③ 姚锡棠：《浦东崛起与长江流域经济发展》，上海科学技术出版社 1995 年版，第 74 页。

主义服务的优秀作品；改善了城乡人民的医疗卫生条件。

但是伴随新中国基本完成社会主义改造和全面建设社会主义历史发展的胜利与曲折，上海在中国共产党领导下取得30年经济建设和文化建设青出于蓝光辉成就的同时，也留下了帝国主义、霸权主义敌视的伤痕，吞咽了阶级斗争扩大化、人民公社大锅饭、“大跃进”“文化大革命”等一系列“左倾”错误的苦果；扛戴过林彪、江青反革命集团恶紫夺朱、倒行逆施的枷锁。

（一）从50年代起，美国鼠目寸光的霸权冷战势力，扩大朝鲜、越南战争，对忍受八年抗日战争牺牲痛苦，为第二次世界大战胜利做出卓越贡献的中国人民进行了长期的敌视、孤立和封锁，切断了上海作为世界著名贸易口岸本应与国际市场保持的广泛联系。而60年代起，与中国签订互助友好同盟条约的苏联把中苏两党之间的原则争论变为国家之间的对抗，胁迫其他社会主义国家疏远与中国的关系，向中国施加政治、经济和军事压力。

美国的封锁与苏联的隔离，强制造成了中国的“闭关自守”，使上海经济只能别无选择地沿着内向型道路发展，在难以展开国际经济、贸易活动和难以引进国际资金、技术的条件下，上海节衣缩食，发愤图强，尝尽了事倍功半的创业艰辛。

1949年8月18日，毛泽东同志在美、英摊出封锁底牌之后，曾于《别了，司徒雷登》一文中说：“多少一点困难怕什么。封锁吧，封锁十年八年，中国的一切问题都解决了。”然而，以美国为首的西方资本主义国家霸权主义冷战势力对中国封锁时间之长和中苏互助友好同盟关系维持时间之短，均超出了毛泽东同志及党中央第一代领导集体新中国成立之初按照国际惯例、鉴往知来的谨慎估计。

（二）封锁与隔离的堑壕加深了党内对如何建设社会主义的思想认识的局限，助长了阶级斗争扩大化理论和经济建设盲目急躁等情绪的蔓延。上海也不可避免地受到严重影响，“大跃进”“文化大革命”使上海的经济建设、文化建设经历了曲折。

四、计划管理

计划经济年代，政府依靠计划经济体制协调全国经济发展，违反经济规律的“左倾”错误和林彪、江青反革命集团的肆虐，搞乱了计划决策的思想，扭曲了计划体制按照国民经济比例关系合理配置资源的积极功能。封闭的国际环境束缚了计划决策的视野，放大了计划体制无法替代市场竞争激励企业提高效率的缺陷弊端。

在不能利用自身比较优势参与国际分工取长补短必然产生的短缺经济形势下，信贷、设备、原料等一切生产要素都得通过计划安排，衣、食、住、行等一切基本生活消费都得发放票证供应，导致上海城市金融中心作用的衰竭和上海商业中心作用的萎缩。越是短缺越是希望集中资源发展工业、制造业缓解短缺，这也带来上海第三产业在国民经济中的比重不断下降；为了节约投资，工业规模的扩大，只能在已建成的市区内见缝插针铺摊子，又造成城市基础设施的超负荷利用。

人民群众并没有享受到上海工业门类齐全、产品丰富的便利，和全国人民一样使用定额很少的粮票、布票、油票、肉票、鱼票、香烟票、肥皂票、手表票、缝纫机票、自行车票，以及购粮卡、副食品卡、煤球卡、日用品卡和专用券；大街上没有一辆可供扬招的出租车，全市照相馆没有一套彩扩设备。1980 年 10 月，上海社科院的一位专家对上海当时的情况，作了“十个第一和五个倒数第一”的概括——

“十个第一”：（1）工业总产值占全国 1/8 强，总产值之大，居全国各省市第一位；（2）出口总值占全国 1/4 强，其中本市产品 60%，创汇之多，居全国各省市第一；（3）财政收入占全国 1/6 强，上缴国家税利占中央财政支出 1/3，上缴数量之多，居全国各省市第一；（4）工业全员劳动生产率，1979 年为 30013 元，高于全国平均值 1.5 倍以上，居全国第一；（5）工业每百元固定产值实现的利润，1979 年全市平均为 63.73 元，为全国平均数的 4 倍，居全国第一；（6）工业资金周转率为 69.5 天，周转之快，为全国大城市第一；（7）全市人均年国民生产总值，1979 年为 1590 美元，居全国第一；（8）能源有效利用率，1979 年 33%，高于全国 28% 的平均水平，居全国第一；（9）上海商品部门调往各地的日用工业品占全国调拨量的 45%，商品调拨量居全国第一；（10）解放后迁往内地工厂 300 多家，输送技术人员、技术工人超过 100 万人，向外地输送技术力量居全国第一。

“五个倒数第一”：（1）市区平均每平方公里4.1万人，城市人口密度之大，为全国之“最”；（2）市区建筑密度高达56%，人均相有道路面积1.57平方米，人均绿化面积仅0.47平方米，只有一张《解放日报》那么大，建筑之密、房屋之挤、道路之窄、绿地之少，均为全国大城市之“最”；（3）市区人均居住面积4.3平方米，4平方米以下的缺房户91.8万户，占全市总户数60%左右，缺房户比重之大，为全国大城市之“最”；（4）上海平均每万辆车一年死亡人数42.5人，车辆事故之高为全国大城市之“最”；（5）由于“三废”污染严重，上海癌病发病率之高，为全国城市之“最”。①

当改革大潮在全国掀起的时候，上海这个曾经是计划经济年代的典型和最大的老工业基地，从经济体制、经济结构到人们的思想观念，都受到了前所未有的冲击和挑战；上海这个曾经是“文化大革命”的“重灾区”，又面临着政治上、组织上、思想上拨乱反正的历史重任。与此同时，上海作为一个老城市的“城市病”也日益暴露。上海向何处去，是振兴？还是沉沦？这一问题尖锐地摆到了上海人民面前。

---

① 沈峻坡：《十个第一和五个倒数第一说明了什么？——关于上海发展方向的探讨》，上海社会科学院部门经济研究所编：《站在现实经济研究的前沿》，上海社会科学院出版社2008年版，第319页至322页。

第六章　上海城市现代化治理的改革起步

一、擘画开放战略

党的十一届三中全会以来，党中央、国务院和邓小平同志等老一辈无产阶级革命家，十分关心上海经济发展与社会进步的战略定位，一再要求上海加快经济体制从传统计划经济体制向社会主义市场经济体制、经济增长方式从粗放型向集约型的转变，多次指示上海同步建设物质文明和精神文明，早日交出两个文明建设的满意答卷，实现经济与社会协调发展。

1986 年 10 月 13 日，国务院批准《上海市城市总体规划方案》，明确上海城市发展的基本目标是“中国最重要的工业基地之一，最大的港口和重要的经济、科技、金融、信息、文化中心，太平洋西岸最大的经济贸易中心之一”。

1990 年 4 月 18 日，党中央、国务院宣布在上海开发、开放浦东。

1992 年 10 月，党的十四大提出“以上海浦东开发开放为龙头，进一步开放长江沿岸城市，尽快把上海建成国际经济、金融、贸易中心之一，带动长江三角洲和整个长江流域地区经济的新飞跃”。

1995 年 9 月，党的十四届五中全会进一步提出，建设“以上海为龙头的长江三角洲及沿江地区经济带”。

1997 年 9 月，党的十五大要求作为经济特区的上海浦东新区要“在体制创新、产业升级、扩大开放等方面，继续走在前面，发挥对全国的示范、辐射和带动作用”。

70 年代末至 90 年代末的 20 年间，上海人民在邓小平理论指引和全国各地的帮助下，抓住机遇，艰苦奋斗，坚持改革开放，不断探索具有中国特色、时代特征、上海特点的发展道路，努力把历史优势、区位优势、人文优势和政策优势化作现实的经济优势。上海在困境中奋起，在探索中前进，在创新中振兴，取得了经济跃上大台阶、城市面貌大变样、精神文明建设大丰收、群众生活水平大提高等一系列举世瞩目的辉煌成就。

二、调整经济格局

80 年代，上海全面实施“三、二、一”的产业方针，优化产业结构，把战略重点放在优先发展城市基础设施、第三产业和高新技术产业；整个产业结构从适应性调整转向战略性调整，以金融、贸易、信息等行业为重点的第三产业发展迅速，经济增长从过去主要依靠第二产业推动，转向第二、第三产业共同推动。为了形成海纳百川、万商云集的局面，建设和发展各类要素市场和商品市场，80 年代末，上海已有证券、期货、金属、粮油、产权、技术、房地产、人才等要素市场 16 个，消费品批发市场 120 个，生产资料市场 137 个，消费品市场 1052 个，开始通过以地方市场为基础、区域市场为骨干、国家级市场为龙头的多功能、多层次市场体系，发挥资源配置中心的作用。

围绕建立现代企业制度的中心环节，上海又不断深化经济体制改革，以"企业、市场、社会保障、政府"四位一体综合配套改革的整体推进，促进机制转换和制度创新，初步建立起社会主义市场经济运行机制，使企业成为市场竞争的主体。80 年代末，拥有 2725 家二级企业的全市 250 家现代企业制度试点企业，已有 243 家完成了改制。①

利用外资从工业扩展到商业、金融、外贸、旅游、房地产、基础设施、农业等各个领域，并引导外资投向国有企业改造、高新技术产业发展、城市基础设施、旧区改造等经济发展和城市建设的重点方面，投资结构不断优化。到 1997 年，累计批准外商投资企业

① 陈鸿基：《深沪经济比较研究》，海天出版社 2002 年版，第 294 页。

17494 家，协议吸收外资合同金额 671.13 亿元，外商实际投入资金 377.99 亿元。世界排名前 100 位的工业性跨国公司有 73 家在上海投资建厂。①

90 年代，上海的金融市场容量保持全国第一，金融总资产达 12 万亿元，占全国总资产的 8.2%，是全国外资金融机构数量和种类最多的城市。资产质量保持全国第一，外（侨）资金融机构的总资产、存款金额、贷款余额和利润四大指标，均居全国开放城市首位。对外贸易持续快速增长，开始形成货物贸易、技术贸易、服务贸易三位一体协调发展的“大外贸”格局，出现经营主体多元化、业务拓展综合化、外贸市场全球化的新局面。

90 年代末，上海海关登记注册的上海进出口企业有 14139 家，并与全国 32 个沿海海关和长江流域地区海关建立了集装箱货物转关运输联系；与 72 个地区海关开展了进出口货物转关运输监管合同；全市进出口贸易总额近 950 亿美元，其中出口总值 560 多亿美元，平均每年增长 18%。②

90 年代末，上海与国内各地区开展经济合作，兄弟省市在上海开办企业 10489 家，注册资金 249 亿元；中国远洋集装箱运输有限公司、中国海运集团公司和中国石化南方总公司等一批国家级大集团已将总部迁到上海；国内工业 500 强中已有 87 家大企业进驻上

① 丁钢主编：《中国教育：研究与评论》第一辑，教育科学出版社 2001 年版，第 214 页。

② 蔡来兴主编：《国际经济中心城市的崛起》，上海人民出版社 1995 年版，第 280 页。

海；浦东新区已建成和在建的200幢高层建筑中，半数以上是中央各部委和兄弟省市投资。与此同时，上海在兄弟省市投资108亿元，开办企业3500多家，在26个省会和直辖市设立商业网点487个。

自80年代初至90年代末，上海已设立境外贸易公司、机构218家，组建区域性海外集团公司6家，非贸易性企业260家。同时，利用各种渠道，努力发展对外经济合作，对外承包工程和劳务合作涉及130多个国家和地区。①

90年代，浦东新区基础设施建设实现了历史性大跨越，在累计完成社会固定资产投资1700多亿元中，市政基础设施达430多亿元。早期建设的交通、通信、水电等十大基础设施工程完成后，包括浦东国际机场、地铁二号线、国际深水港、信息港等第二轮“跨世纪十大工程”建设也纷纷上马。

上海的开发开放也进入基础开发和功能开发并举的新阶段。90年代，浦东新区内建成160多幢大厦，10万平方米中央绿地；40多家银行、金融机构在浦东设立分支机构，各类金融机构和网点达438家；营业性外（侨）资机构24家，其中9家外资银行开始经营人民币业务；远东最大的上海证券交易所以及产权交易所等要素市场相继迁入；外资企业共约500家。②

---

① 上海市商务委员会编著：《上海开放型经济30年：中国改革开放30年上海对外经济贸易回顾和展望》，上海人民出版社2008年版，第208页。

② 上海通志编纂委员会编：《上海通志》第三册，上海人民出版社2005年版，第1687页。

至1995年底，陆家嘴金融中心区、竹园贸易区和张扬路商业中心雏形清晰；外高桥保税区出口加工贸易发展迅猛，集聚各类项目319个，已组成零部件分拨中心和计算机产业群，以国际航运和保税为载体的口岸功能逐步显现；金桥出口加工区引进项目302个，吸引外资55亿美元，48家跨国公司进区投资，已形成以微电子、现代化通信、轿车及汽车零部件、新一代家电、机电一体化为主的高新技术产业群；张江高科技园区以摩托罗拉、阿法泰克为代表的微电子产业，以联信、松下为代表的光机电产业，以罗氏制药和新药中心为代表的生物医疗产业为重点引进项目，构筑了同区产业的基本框架。这四个重点区域的开发面积已达35平方公里。

从1986年开始，上海相继在闵行、虹桥、漕河泾建立的3个各具特色的经济技术开发区，经过10多年建设均已形成相当规模。

闵行经济技术开发区面积3.5平方公里，重点发展技术先进型的出口加工工业；至1995年底，已先后引进130家外资企业，累计协议投资额超过13亿美元；由国际著名跨国公司投资的项目有29个。

以对外经济贸易为中心的虹桥经济技术开发区占地面积0.65平方公里，建有国际贸易中心、世界贸易商城；高层综合办公楼、多层次旅游宾馆、高层公寓等大楼群；另有商业服务、文化娱乐等综合设施和一批小型花园别墅以及外国领事馆等。至1995年底，已开发的大型建设项目有24个，合同投资总金额15.21亿美元，其中引进外资11.24亿美元，吸引中外客商在区内落户500多家，办公楼出租率高达98%。①

漕河泾新兴技术开发区为国家级高新技术开发区，至1995年已初步形成以微电子为先导，集计算机、光纤通信、生物工程、新材料、电子元器件、工业自动化、仪器仪表、航空航天等新兴技术产业群为主体的高科技工业园区。现有各类科技企业、研究机构500家，其中来自16个国家和地区的外商投资企业180家；开发区内经上海市认定的高新技术企业有123家，占全市高新技术企业的35%。②

1992年以来，全市国内生产总值连续多年增速保持12%以上，比80年代高出一倍多，比全国同期平均高出2到3个百分点；市场主体已呈多元化；内资企业26万户、外资企业1.6万户、私营企业7万户、外地来沪企业1万余户。1997年，上海国内生产总值3360亿元，第一产业比重约2.30%，第二产业比重约52.20%，第三产业比重约45.50%；人均国内生产总值（GDP）2.57万元（超过3000美元），按1986年可比价格计算，提前3年实现了翻两番的战略目标。③

---

① 上海社会科学院《上海经济年鉴》社编：《上海经济年鉴1997》，上海社会科学院《上海经济年鉴》社1997年版，第138页至141页。

② 中共上海市委党史研究室编：《上海社会主义建设五十年》，上海人民出版社1999年版，第880页。

③ 《上海经济年鉴》编审委员会编：《上海经济年鉴1998》，上海社会科学院《上海经济年鉴》社1998年版，第35页。

三、革新城市面貌

1978年至1997年，上海共投入1827.62亿元用于城市基础设施建设，平均每年增长26.9%。[①] 城市基础设施建设的高强度投入、大规模推进和快节奏竣工，迅速地改变了上海的面貌，使上海由一个传统的“单岸型”城市崛起为现代化的“双岸型”国际大都市。

这一时期，市区交通形成了立体化网络框架，下有北起火车站南至莘庄、西迄虹桥机场直抵浦东的地铁线在人民广场相交，以及打浦路、延安东路复线两条越江隧道；平面有以中山路为环，多条主干道呈辐射状向四方伸展的道路网；水上有杨浦、南浦、徐浦等五座黄浦江大桥、20多座客、车轮渡码头和十几座跨越苏州河的桥梁；空中有贯穿各区、连接浦西浦东长48公里的内环线和南北东西高架；在建的有98公里的外环线和北起江湾、南至漕河泾全长25公里的轻轨明珠线；规划中还有9条地铁和8条轻轨线，总长度500多公里。

该时期，市区道路总长度已达3891公里；公交线路1078条，长度5.122万公里，营运公交车1.42万辆，出租汽车营运数4.097万辆。郊区有公路长度8881.3公里，高等级、次高等级道路

① 马学新、陈江岚主编：《当代上海城市发展研究》，上海人民出版社2008年版，第171、172页。

4011.2 公里。①

该时期，上海还相继建成了东方明珠广播电视塔、上海博物馆、上海图书馆、上海体育场和上海大剧院等一批气势恢宏的标志性文化体育设施，完成了人民广场综合改造工程，推进了城市灯光夜景建设，大规模地改造了重要商业街区，增添了现代化国际大都市的繁华气息。其中，新外滩、东方明珠广播电视塔、虹桥经济技术开发区、地铁一号线、豫园旅游商城、内环高架路、新锦江大酒店、人民广场、南浦大桥、杨浦大桥、古北新区等建筑，以其设计新颖、造型美观，被评为90年代“上海十大新景观”。

该时期，城市园林绿地面积达到7848.96公顷，公共绿地面积2483.65公顷，比1978年增加了9.3倍；市区人均占有绿地面积2.3平方米，比1978年提高1.83平方米；主要公共绿地有人民广场绿地、外滩绿地、徐家汇绿地、岚皋路绿地、四平路绿地、杨高路绿地、高架道路绿地、凉城公园、济阳公园、民星公园、共青森林公园万竹园、外环线环城绿带、普陀区风景林带等。②

该时期，上海新建住宅建筑面积1.1亿平方米。其中，仅1991年至1997年间，新建住宅建筑面积就达6786.37万平方米，完成旧区改造面积243万平方米。③

---

① 桑荣林、莫天全主编：《上海房地产年鉴1999》，中国城市出版社1999年版，第305、306页。

② 俞克明主编：《现代上海研究论丛》第三辑，上海书店出版社2006年版，第119页。

③ 中共上海市委宣传部：《科学的理论伟大的实践》，上海人民出版社1998年版，第185页。

登上468米的东方明珠广播电视塔瞭望，身旁420.5米的经贸大厦耸入云霄，浦东、浦西数不清的楼宇不断拔地而起，在建的有楼高94层的环球金融大厦等高层建筑1000多幢；到1997年底，上海市区8层以上的高层建筑已有2437幢，建筑面积3139万平方米；20层以上的高层建筑966幢，建筑面积2153万平方米。①

城市发展的潜力在区县、在基层。上海从80年代就开始进行多渠道筹集建设资金和城市多级管理的探索，走出了一条城市分级管理的新路。

1992年以来，上海市委、市政府为了调动各区县的积极性，先后提出在市区实行“两级政府，两级管理”“两级政府、三级管理”以及在郊区实行“三级政府、三级管理”的工作思路，这一举措直接带来两大效应：一是区县经济迅猛发展，全市GDP新增部分的50%以上在区县，区县财政收入的增长速度高于全市平均增速约8个百分点，外贸出口总值的增长速度也高于全市平均增速，利用外资的份额占全市比重愈来愈大。二是城市面貌发生了巨大变化，全市每一项重大工程从资金筹措到动拆迁，几乎都离不开区县的支持和奉献。

① 陈威、石仲泉、李君如主编：《走进改革开放新阶段——十四大以来中国发展之路》，学习出版社1999年版，第797页。

四、建设精神文明

加强社会主义精神文明建设是整体推进上海社会主义现代化建设的重要战略任务，也是上海建设国际经济中心城市的重要目标和重要保证。在加快物质文明建设的同时，上海从改革开放和经济发展的实际出发，坚持以科学的理论武装人，以正确的舆论引导人，以高尚的精神塑造人，以优秀的作品鼓舞人，始终把社会主义精神文明建设摆在醒目的突出位置，积极致力于在全社会形成为社会主义现代化建设全面提供精神激励和智力支持的共同理想、舆论环境和文化氛围。

（一）“两手抓、两手都要硬”的方针得到切实贯彻

80 年代，上海在制定经济发展战略汇报提纲之后不久就着手制定了文化发展战略汇报提纲。

1992 年，上海市第六次党代会按照党的十四大精神，对 80 年代以来上海精神文明建设的成绩和 90 年代上海精神文明建设工作进行了系统回顾和认真布置，再次明确提出以提高人的素质和提高城市文明程度为目标的多项任务。

1995 年，上海市委六届三次全会，制定了《上海市 1995—1997 社会主义精神文明建设规划》，确定了努力培养“有理想、有道德、有文化、有纪律”的社会主义新人，塑造面向 21 世纪上海人形象，描绘现代化都市文明的发展蓝图。

1996 年，根据市委安排，各区县、各委办结合各自实际，广泛开展了精神文明建设的调查研究，市委领导针对普遍关注的重点问题深入基层开展了专题调查研究。

在摸清情况，总结经验，统一思想的基础上，1996 年 12 月市委六届五次全会以党的十四届六中全会文件为指导；结合上海市国民经济发展“九五”计划与 2010 年远景目标，对今后 15 年特别是“九五”期间进一步加强上海精神文明建设做了全面规划、部署，通过了《中共上海市委关于加强社会主义精神文明建设的意见》，明确提出上海精神文明建设的总体目标：（1）在全社会牢同树立建设有中国特色社会主义的共同理想，牢同树立坚持党的基本路线不动摇的坚定信念。（2）实现以思想道德修养、科学教育水平、民主法制观念为主要内容的市民素质的显著提高，实现以积极健康、丰富多采、服务人民为主要要求的文化生活质量的显著提高，实现以社会风气、公共秩序、生活环境为主要标志的城市文明程度的显著提高。（3）使上海人民具有远大理想、良好道德、创业精神、改革意识、守法观念、遵纪习惯、文明举止、高尚情趣、丰富知识、健康身心，使整个城市整洁有序、安定和谐、充满朝气和活力，使上海的教育、科技、文化、卫生、体育事业达到国内一流水平。（4）在全市形成物质文明建设和精神文明建设协调发展的良好局面，争取早日把上海建成文明城市。

（二）学习、研究、宣传、科学社会主义理论的活动不断深入

各级党组织建立、健全中心组学习制度，以马克思列宁主义、毛泽东思想和邓小平理论指导、推动工作。市领导每年都与区县、委办党政负责同志共同认真学习原著，联系思想和工作实际进行理论研讨，探索发展思路。各级党校都将邓小平理论列入教学的主要内容，并举办各级各类培训班，对数十万党员干部进行轮训。党员、干部在学习理论、掌握理论的过程中解放思想，实事求是，开拓创新，普遍提高了“以经济建设为中心”“发展才是硬道理”“物质文明和精神文明两手抓、两手都要硬”“一切以是否有利于发展社会主义社会的生产力、有利于增强社会主义国家的综合国力、有利于提高人民的生活水平为根本判断标准”的政治觉悟。

90 年代，全市 34 所高校已把《邓小平理论》作为必修课，上海社科院“邓小平理论研究中心”已成为全国邓小平理论研究的五大基地之一。调查资料显示，全市工业系统 93% 的干部、职工对理论学习的效果表示肯定；93% 的学生认为邓小平理论对中国健康发展具有指导意义。

（三）思想道德建设大力加强，涌现出一大批先进模范人物

1992 年，上海市委、市政府召开了全市加强精神文明建设万人动员大会，命名、表彰了十个“上海市红旗集体”和十位“上海市先进标兵”；这些红旗集体和先进标兵是全面贯彻党的基本路线的先进典型，充分体现了 90 年代的上海水平、上海风格、上海效

率、上海精神。

在大力宣传“十面红旗”“十大标兵”，宣传包起帆、徐虎、马桂宁等一批先进典型人物的事迹之后，上海又开展了“创业者风采”系列宣传教育活动，先后介绍了林元培、顾玉东、李斌等模范人物的事迹，并积极宣传了孔繁森、李国安、吴天祥、单杰和天津和平区等全国性先进典型的事迹。

90年代，上海还相继展开了一系列全民参与精神文明建设的重要活动。一是有10万多人发表意见的“九十年代的上海人形象”大讨论，通过讨论达成了“文明礼貌、勤奋高效、胸怀大志、开拓创新”的关于上海人形象的共识。二是印发宣传资料200万份，以“三大讲、四知道”为主要内容的“上海·浦东·未来”宣传教育活动，在党员干部中大讲90年代上海面临的有利时机，大讲加强上海经济建设和改革开放的紧迫性、重要性，大讲上海发展的主要任务等，使广大职工知道90年代上海的前景和奋斗目标，知道上海“八五”期间的主要任务和重大工程，知道上海当年的大事、实事；知道本单位的任务和个人的职责。三是组织了声势浩大的“百万市民看上海”活动，约200多万人次的市民在参观中亲身感受到上海改革开放的巨大成就，进一步增强了热爱上海，建设上海的自豪与自信。四是“学知识、学科学、学技术”活动，评选出一批各行各业的“三学状元”，掀起了全市每年有200万人接受成人教育和业余培训的热潮。五是爱国主义教育活动，起草颁发了《上海市爱国主义教育实施细则》，建立了市、区（县）、街道（乡镇）三级青少年教育基地1000多个，每年到基地参观人次达1000万左右。①

（四）群众性精神文明创建全面开展，文化艺术氛围广泛培育

90年代，上海群众性精神文明建设已形成创文明单位、文明小区、文明行业、文明街、文明居民楼、文明家园、青年文明岗以及十佳好事、规范服务达标，开展文明市民教育、推广文明礼貌用语等系列活动，呈现出点线面相结合的态势。

上海以社区建设为点，开展创建文明小区、文明社区活动，覆盖地区，为群众创造一个安全、有序、文明的生活环境；以抓好各行各业特别是"窗口"单位的服务质量为线，开展"窗口"单位规范服务达标活动，覆盖全行业，使与群众生活密切相关的行业逐步做到规范服务；以市民行为规范教育为面，宣传"七不"，促进市民日常行为的文明水平不断提高。

近年来，上海的许多重大文化活动已达到一定水准并产生了广泛的国际影响，其中，综合性的文化活动有上海艺术节、电影节、电视节，专题性的文化活动有国际服装文化节、魔术节、哑剧节、芭蕾舞比赛等。若干社区举办的上海旅游节、虹口灯会、宝山国际民间艺术节、闸北茶文化节等，也以开放为宗旨，云集海内外宾客，显得气度不凡。

① 上海文化年鉴编辑部编：《上海文化年鉴1998》，《上海文化年鉴》编辑部1998年版，第38页。

目前，上海在培育浓郁都市文化艺术氛围方面已形成若干特色和优势：一是上海艺术节真正成为“大众的节日”。精彩纷呈的群众文化展示出一道道亮丽的文化风景线，构筑了上海民间文化活动前所未有的壮观景象。二是广场文化活动的兴起。广场音乐会、广场戏剧、广场美术，群众演唱歌咏、千人管乐合奏、提琴并奏、百架钢琴联奏的场面体现出上海的都市文化气息。三是面向青少年的普及演出频繁。双周免费音乐会、民乐普及演出、民族歌舞普及演出、歌剧精品巡演、京剧走向青年、文化下乡等活动成为传播高雅艺术和民族文化的重要渠道。四是艺术教育风气兴盛。各类业余艺术学校在上海获得迅速发展，市民通过多种途径让孩子学习音乐、舞蹈、美术、书法，注重让子女自幼掌握一些艺术专长；一些老年人也欣然走进课堂，将学习琴棋书画作为晚年陶冶性情的生活方式。

五、改善人民生活

人民生活明显改善，城乡居民收入水平和生活质量逐年提高。1990 年城乡居民年平均消费比 1980 年增长 2. 6 倍，扣除物价上涨因素，年均增长 57%；1990 年全市职工年均工资 2885 元，比 1980 年增长了 2. 3 倍；1997 年全市职工平均工资 11425 元；市区居民家庭人均可支配收入 8439 元；比 1990 年增长 2. 9 倍，扣除物价因素，实际增长 60. 3%，郊区农民家庭人均纯收入 5277 元，比 1990 年增长2.2倍，扣除物价因素，实际增长31.4%。

城乡居民收入增长，呈低收入层次向高收入层次位移趋势：在市区居民家庭中，人均月收入300元以下的家庭所占的比重，已由1994年的16.8%下降为6.4%；月收入600元以上的家庭比重由17.2%上升为36%，其中人均月收入在900元以上的家庭由4.2%上升为8.6%。在农村居民家庭中，年人均纯收入低于200元的家庭所占比重，由1994的16.2%下降为9.5%，年人均收入500元以上的家庭比重由15.5%上升为30.7%。

全市居民在收入增长的基础上，消费水平相应提高，消费结构发生新的变化。1997年，市区居民家庭人均年消费性支出6280元，1978年仅416元；农村居民家庭人均年消费性支出4288元，1978年仅189.5元。城乡居民家庭生活消费支出总额中，食品消费支出所占比重即国际通用的恩格尔系数由1980年的56%下降到1997年的51.3%。居民家庭耐用消费品拥有量增加。①

1997年，每百户城市居民家庭拥有彩色电视机113台、电冰箱101台、录音机99台、家用洗衣机82台、空调器50台、录像机51台、照相机52台、热水淋浴器42台、微波炉45台、组合音响15台、电脑8.6台。

每百户农村居民家庭拥有彩色电视机62台、洗衣机67台、电冰箱68台、录音机42台、电风扇302台、照相机7台；大屏幕彩

① 中共上海市委宣传部：《科学的理论伟大的实践》，上海人民出版社1998年版，第58页至第72页。

电、高级音响、家用空调器、电脑、摩托车等已成为农村居民消费追求的热点。①

市区居民人均居住面积从1978年的4.5平方米提高到9平方米，农村居民人均居住房屋面积增加到46.4平方米，住房拥有卫生设施配套的比重超过30%，拥有燃气用户的比重超过70%。

城乡居民储蓄存款余额达2729.57亿元，比1978年底净增2711.39亿元，人均储蓄存款额20909元，比1978年底净增20843元。②

社会保障制度逐渐完善，初步形成以基本保险、补充保险、社会救助为主要内容的社会保障体系。1997年底，全市已有3.64万户城镇企业单位的416.68万职工参加基本养老保险，202万离退休人员参加养老保险社会统筹；城镇职工养老保险、失业保险覆盖面和医疗保险的参保率已达98%，城市居民90%以上已享受免费或半费医疗。

上海郊区农村从1978年起逐步实行老年农民领取养老金制度，1983年底，郊区普遍对男性年满65岁、女性年满60岁的农民实行养老金制度；90年代以后，逐步推行农村社会养老保险制度，有130多万人参加了农村社会养老保险；城镇职工养老保险、失业保

---

① 黄金平主编：《上海改革开放实录（1992—2002）》，上海书店出版社2015年版，第213页。

② 冯小敏主编：《中共上海历史实录（1949—2004）》，上海教育出版社2004年版，第1177页。

险、医疗保险的参保率也在50%以上。①

上海在产业结构调整和企业经营机制转换过程中，出现大批下岗人员，为化解就业压力，上海从1994年起多渠道、多形式、多层次地全面推进再就业工程，以培训促进就业，初步形成社会劳动力向劳动力市场过渡的分流网络和循环机制，100多万下岗工人，近90%得到分流安置。

社会福利事业发展，1992年1月实行新的《上海市贫苦市民急病医疗补助办法》，对近万名社会救济对象就医实行免收预付金，医药费和住院费酌情补助大半或全部；对困难的退休三轮车工人进行生活救济和医疗补助等。

城乡救济对象逐年减少。1995年享受国家定期补助、救济的对象有社会散居孤老残幼2412人，社会困难户9457人，精减退职老职工2445人。此外，还通过“送温暖”等帮困活动，使社会救助经常化和制度化，发放失业救济金8000余万元，失业职工医疗费补助484万元，受救济对象累计44.18万人次。②

1995年底，全市拥有各类医疗卫生机构5028所，其中医院474所，门诊部（所）4367所，卫生防疫站33所。妇幼保健站12所；专业卫生技术人员10.9万人，平均每万人拥有医生31人，拥有医

① 于宁：《基本养老保障替代率水平研究：基于上海的实证分析》，上海人民出版社2007年版，第84页。

② 陈至立主编：《上海年鉴1996》，上海人民出版社1996年版，第390页。

院病床43张。[①]

90年代以来，上海在断肢（指）再植和再造等显微外科、烧灼伤外科、整复矫形、亚临床肝癌研究等方面达到国际先进水平；在肾、肝脏、心脏、骨髓、角膜的移植方面达到国内外先进水平；在针刺麻醉、针灸、中西医结合和中医基础理论方面，以及心血管外科（人造血管、瓣膜、心脏手术、小儿先天性心脏病等）、肿瘤防治（胃癌、肺癌早期诊断、治疗）、生物医学工程（激光医学、核医学、生物材料、临床免疫、计划生育、免疫遗传）等方面，处于全国领先地位；在临床广泛应用新技术包括基因治疗、微电子技术、腹腔镜手术方面已赶上国际水平。

1997年，上海人口平均期望寿命男性75.18岁，女性79.21岁，达到世界先进水平。[②] 城乡居民在物质生活不断得到满足的同时，精神文化生活也逐渐丰富多彩；1997年，城市居民人均娱乐、教育、文化服务支出784元，比1981年增长67.2倍；农村居民人均文化、生活服务支出657元，占生活性消费支出的比重由1990年的7.4%提高到9.8%。[③]

---

① 上海市统计局编：《上海统计年鉴1998》，中国统计出版社1998年版，第340页。

② 冯小敏主编：《中共上海历史实录（1949—2004）》，上海教育出版社2004年版，第1177页。

③ 中共上海市委宣传部：《科学的理论伟大的实践》，上海人民出版社1998年版，第189页。

第七章　上海城市现代化治理的稳步推进

一、改进基础设施

生产性基础设施专指动力、供水、运输、通信和大型水利、环保及各种减灾工程等。基础设施现有的负载容量给定了相应时期经济增长的可能性边界和条件允许的社会进步最大值，被视为评价投资环境优劣和判断城市发展前景的关键指标。

上海电力工业发展很快。由上海、江苏、安徽、浙江一市三省主要电厂组成的华东电网是全国最大的电网，1999 年底全网装机容量已逾 5200 万千瓦。拥有三峡电站，由湖北、湖南、河南、江西四省电网联结而成的华中电网，也已通过总长度 1046 公里的葛洲坝至上海 500 千伏超高压直流输电线路与华东电网相连。

90 年代以来，经过长时间的前期工程，储油气盆地面积 46 万平方公里，蕴藏量约 60 亿吨的东海平湖油气田项目已开始启动，1998 年通过输送管道由岱山中转，每天向浦东提供热值 3 倍于煤气的优质天然气 120 万立方米。上海煤气普及率提高迅速，管道长度约 5995 公里，日生产能力达 1006 万立方米。①

上海的水资源十分丰富，90 年代，年均总量 596.6 亿立方米；长江口一日两次涨落潮，涨潮时有大量长江水涌入黄浦江；地表以下潜水 17 亿立方米，埋藏地下更深的承压水 5.7 亿立方米。供水条件良好，管道长度约 1.3 万公里，水厂日生产能力约 982.4 万吨，全市自来水重复利用率平均达 40%。1999 年底，全市工业用水重复利用率平均达 60%；在充分利用黄浦江水源的同时，已开始加速开发第二水源——长江，长江平均年入海径流总量 9793.33 亿立方米。②

上海是中国最大的交通枢纽之一，水陆空交通发达。1997 年底，上海有内河航道 210 条，通航里程 2100 公里，营运船舶 7000 多艘，地方运力 100 余万吨，货运量 1405 万吨。长江航运，长江口至武汉 1145.5 公里，上海至南京可乘潮通航 2.5 万吨级海轮，上海至武汉洪水期可通航 5000 吨级海轮，1997 年货运量 1217

---

① 陈威、石仲泉、李君如主编：《走进改革开放新阶段——十四大以来中国发展之路》，学习出版社 1999 年版，第 800 页。

② 郁青、浦再明主编：《时代的选择——上海可持续发展战略研究》，上海社会科学院出版社 2000 年版，第 102 页至 106 页。

万吨。①

1997年底，上海港航政管理范围173.1平方公里，港区总面积3618.3万平方米，码头泊位980多个，万吨级泊位71个，集装箱专用泊位13个。1997年，货物吞吐量1.6亿吨，国际集装箱吞吐量252万标准箱。远洋年货运量4201万吨，远洋运输企业拥有各类船舶300余艘、500多万载重吨位，全集装箱船73艘，可载5992标准箱；从上海港开往世界各国和地区间的主要班轮航线12条，每月发出90航班，其中集装箱班轮56班。1997年，沿海年货运量7259万吨，货运航线遍及大陆沿海各港，并可通过江海联运直达长江中下游主要港口，沿海运输企业拥有客、货、油轮342艘，总载重量435万吨。②

1997年，上海公路新建了沪嘉、莘松两条市区高速公路和沪宁、沪杭两条省际高速公路，有204、312、318、320等四条国道从境内通过，已开辟联系苏、浙、皖、赣、闽、鲁、豫7省客运线路286条，营运线路总计10万公里。当年旅客发送量2227万人次，货运量2.59亿吨。

上海是我国华东沿海地区铁路运输的主要通道，90年代以来，已有沪宁、沪杭两大干线与全国各铁路干线相连接，境内铁路已形成以沪宁、沪杭复线为主干，以9条支线、81条专用线相衔接包括3个编组站和12个货场的区段枢纽。其中，南翔站为路网性编组

① 殷一璀主编：《上海年鉴2003》，上海年鉴社2003年版，第215页。
② 于根生：《21世纪上海城市安全思考》，学林出版社2002年版，第13页。

站，装备着我国第一个大规模、高技术的驼峰计算机实时控制系统。

1997 年，铁路上海站每昼夜到发旅客设计能力为 72 对，能同时容纳 1 万旅客候车，每天发客车 58 列；铁路上海西站每天发客车 10 列；当年上海铁路发送旅客 2779 万人次，货运量 5817 万吨。①

1997 年，上海虹桥机场开通了往返中国和世界 86 个城市的航班，从虹桥机场始发的空中航线 109 条，其中国际和海外地区航线 40 条；全年起降飞机 8.56 万架次，其中，国际和海外地区航线 1.6 万架次，日均起降飞机 300 多架次，年发送旅客 673 万人次，吞吐货邮 48 万吨，客货运吞吐量连续居全国机场首位。②

上海是我国的主要国际通信港，90 年代以来，已建成卫星通信、短波通信、光纤通信、微波通信、同轴电缆、海底电缆等立体式、全方位的通信网；电话可直拨国内、国际、海外地区 800 多个城市，全国对外通信业务 1/3 通过上海传递。1997 年，上海长途电话 7025 万路，通话 5.45 亿次，电话交换机容量 532 万门，电话用户 373.1 万（公用电话 5.3 万户）；移动电话 75 万户，无线寻呼机用户 276 万户；邮政局所 714 个，邮路及投递路线总长度 20.67 万

---

① 《上海经济年鉴》编审委员会编：《上海经济年鉴 1998》，上海社会科学院《上海经济年鉴》社 1998 年版，第 240 页。

② 《上海经济年鉴》编审委员会编：《上海经济年鉴 1998》，上海社会科学院《上海经济年鉴》社 1998 年版，第 240 页。

公里，年发送函件5.09亿件。1997年，邮电业务总量达102.01亿元。①

与此同时，上海信息港工程正按照全市企事业单位计算机联网，50%家庭拥有微机的方案构筑，将包括一网：公共主干信息传送网；一星：上海一号通信卫星；两中心：信息通信中心、信息服务中心和经济、社会保障、科技教育、统计、行政决策、金融贸易等7个应用系统。

1997年，上海公共信息网——上海热线已实现与上海教育科技网、上海经济网等四大网的互联，上网人次达377万。② 计算机和信息技术全面推广、普及，能够大量节省传统的材料、能源和劳务消耗，直接或间接改变人们工作和生活的方式，压缩商品库存和在途资金占用，降低整个社会的交易成本，削减电力、供水和交通运输的压力；开发出常规手段无法猜想的功能，取得习惯思维难以估量的信息高速公路收益。

城市基础设施是一个不可分割而又不断发展变化的整体，不仅局部与局部之间存在着相互制约和相互促进的依赖关系，而且局部与整体之间也存在着相互抑制和相互改善的因果联系，大系统内每一个子系统的积极变化都会引起整体的进步并带来其他子系统作用的上升或下降。

---

① 桑荣林、莫天全主编：《上海房地产年鉴1999》，中国城市出版社1999年版，第19页。

② 《上海电信史》编委会编：《上海电信简史（1871—2010）》，上海人民出版社2013年版，第219页。

上海市区平均海拔高度约 1.8 米，最低处仅 0.91 米，黄浦江承受太湖泄水量 80%，黄浦公园天文高潮水位在海平面以上 1.3 米，最高潮位可达 4.75 米左右，洪水、高潮、台风、暴雨侵扰、肆虐乃至碰头、聚会是上海必须时刻警惕的自然灾害。

为了减少灾害损失，上海市区建设了提高苏州河两岸防洪能力与治理污染、改善交通并举的吴淞路闸桥工程和按千年一遇标准设计，兼具停车、行人、观光作用的外滩黄浦江箱廊防洪工程及排水泵站工程。1999 年底，市区雨水排放服务面积已达 262.2 平方公里，排水出口泵站总能力达到秒流量 1227.6 立方米；郊区建设了宝山、浦东、南汇、奉贤、金山的江堤海塘、崇明环岛大堤工程，抵御太湖洪水的淀浦河、太浦河、红旗塘、黄浦江上游拦路港扩大、泖河疏浚、元荡分流，青浦、松江、金山西部的青松大控制工程，以及抗旱、排涝的宝山藻浜，浦东、南汇、奉贤的川杨河、大治河、浦东运河、金汇港工程，并规划了黄浦江河口建闸工程。

上海十分重视环境保护。90 年代，先后建设了两岸陆域纵深 5 公里的黄浦江上游水源保护区；埋设管道 52.6 公里、服务范围 70.57 平方公里的苏州河合流污水一期工程和面积 467.41 公里的烟尘控制区工程，并加快建设了苏州河综合治理工程和汽车尾气无污染排放工程。

1997 年，上海环保日处理污水能力 189 万吨；工业废渣利用、处理率达 90% 以上；锅炉除尘效率约 83%；年清运垃圾 688 万吨；大气环境质量符合国家二级标准，综合环境质量进入全国 37 个重点城市前十名。①

二、优化产业结构

农业、加工制造、贸易、流通、公共信贷对城市的繁荣都是不可或缺的产业部门，但相互之间应保持一定的比例，每一个部门都不能超越一定的限度，各个部门在保持比例关系的条件下，才相辅相成，共同增强总体大于局部之和的城市综合实力，否则只会造成相互损害。

（一）农业

1994 年，上海农村实现了饮用水自来水化；1995 年，实现了电话程控化；1996 年实现了电气化；1997 年底，上海郊区城镇建成区面积 246. 59 平方公里，农村城市化水平达 38. 33%，城镇人口比重约 39. 21%。1997 年底，上海的农业国内生产总值 75. 8 亿元；农民人均纯收入 5277 元。②

“国以民为本，民以食为天”，经济发达首先要农业发达，第二、第三产业都是从农业汲取增长营养，通过社会大分工的催生，获得独立发展的产业；在完全进入世界市场的高度化良性循环之

---

① 张鳌主编：《上海科学技术志（1991—1999）》，上海社会科学院出版社 2003 年版，第 741 页。

② 中共上海市委宣传部：《科学的理论伟大的实践》，上海人民出版社 1998 年版，第 58 页。

前，第二、第三产业须臾也不能脱离农业的支撑，非农产业的发展要依赖农业提供的产品，满足非农产业劳动力和城市居民的生活消费，装满米袋子，丰富菜篮子，非农产业的负担才能减轻；非农产业的增长要依赖农村生活用品、生产资料和消费服务市场的延伸拓展，农村购买力旺盛，生产性投入强劲及有效需求多样化，非农产业的供给才能扩张。

上海是全国城郊型菜篮、米袋、鱼池、猪栏、鸡笼子农业的发达地区，不仅在加快推进以“种子工程”“生物工程”“温室工程”和“绿色工程”为主要内容的“科教兴农”战略，还积极建立集约化、规模化等设施现代化的都市型农业的基本框架。1997 年，上海郊区耕地面积 29.8 万公顷，农业总产值 204.41 亿元，农业劳动力约 92.71 万；人均产值 2.2 万元。①

在 1997 年的上海农业总产值中——（1）种植业占 41.6%，其中，粮食产量 237.86 万吨，油菜籽产量 10.35 万吨，常年菜地种植面积 1.2 万公顷（播种面积 9.8 万公顷），蔬菜产量 300 万吨，水果种植面积 1.12 万公顷，产量 23.92 万吨；鲜切花种植面积 433 公顷，年上市各类鲜切花约 2 亿株。（2）畜牧业占 43.2%。其中，猪肉产量 23.67 万吨；牛奶产量 23.91 万吨，鲜蛋上市量 14.27 万吨，家禽上市量 1.78 亿羽。（3）渔业占 14.8%。年上市淡水鱼约 14 万吨，捕捞海水产品 16.18 万吨。②

---

① 龚学平主编：《上海年鉴 1998》，上海年鉴社 1998 年版，第 43 页。

② 龚学平主编：《上海年鉴 1998》，上海年鉴社 1998 年版，第 226、227 页。

（二）工业

新中国的第一台电子计算机、第一艘远洋万吨轮、第一支火箭导弹、第一台高倍显微镜、第一座双水内冷发电机、第一架大型民用航空飞机、第一颗人造地球卫星等都诞生于上海。工业化程度是客观衡量社会经济发展和财富创造水平的重要和准确标尺，以高技术资本品为主体的实体经济部门的生产增长是消费、贸易和金融服务业非泡沫化持续扩张的最可靠保障。

上海工业门类齐全、装备先进、技术力量雄厚，具备制造农轻重、吃穿用、陆海空包括汽车、飞机、远洋巨轮和航天火箭、气象卫星等高级、精密、尖端产品的完整体系，已形成支柱产业、高新技术产业和大型企业集团主导全局的发展趋势。

1992 年至 1996 年，上海工业总产值年均增长 17.9%；汽车制造、通信、信息设备，电站成套设备及大型机电设备，家用电器，石油化工及精细化工，钢铁制造等六大支柱产业占全市工业总产值的比重已上升到 52%；集成电路与计算机，现代生物与医药、新材料等高新技术产业占全市工业总产值的比重已上升到 15%。1996 年，上海工业企业集团共计完成营业性收入 2269.68 亿元，占全市工业的 53.4%，而上海汽车工业集团、宝山钢铁集团、上海石化和上海电气集团这 4 个大企业集团的销售收入超过 1100 亿元，占上海全部工业企业集团完成营业收入的 50% 以上。

1997 年底，上海工业有企业近 4 万户，从业人员 400 多万（农村工业从业人员 127.44 万），年销售收入超 10 亿元的企业 40 多家，市场份额居全国第一的产品50多项。上海工业在发展中不断调整和均衡生产力布局，相继建设了以宝山、吴淞为核心的钢铁工业区，以安亭为核心的汽车工业区，以闵行、彭浦为核心的电站、机械设备工业区，以金山、高桥为核心的石油化学工业区，以漕河泾、嘉定为核心的微电子、仪表和高科技工业区，以吴泾、桃浦为核心的化学和煤炭化学工业区，以浦东为核心的通信设备、家用电器、医药和船舶工业区和松江、康桥、嘉定、金山嘴、奉浦、莘庄、宝山、青浦、崇明等九个新建的城郊市级工业区。

大项目是上海工业的脊梁，没有80年代的上海大众和上海贝尔、贝岭，没有70年代的金山、宝钢，没有50—60年代的上钢、高化和闵行的锅炉、电机、汽轮机就不会有上海工业的汽车、通信、石化、钢铁和电站设备等支柱产业。90年代末，上海还在筹建的大项目有总投资400亿元的通用汽车、华虹电子、克虏伯不锈钢板卷和索广电器，列入重点培育的产业为集成电路与计算机、现代生物与医药、新材料；确定积极发展的产业为服装、食品、印刷等都市型工业。

1997年，上海工业年产汽车23万辆，化学纤维39.26万吨，家用电器330多万台，发电量514.6万千瓦，钢材1296.48万吨，钢1532.42万吨。第二产业国内生产总值1754.39亿元（工业1580.15亿元，建筑业174.24亿元）。①

① 冯小敏主编：《中共上海历史实录（1949—2004）》，上海教育出版社2004年版，第1176页。

（三）金融

1990 年 11 月 26 日，中国大陆第一家证券交易所在上海成立。1992 年 5 月，中国大陆第一家国家级金属期货交易所——上海金属交易所挂牌。1994 年 1 月，中国大陆第一家外汇交易所——上海外汇交易所开张。1997 年，首批外资银行获准在上海经营人民币业务。

金融集聚和分配社会资金，是现代经济血液循环的心脏。资金的及时输出，能够刺激实业的发展；融资困难，实业萎缩，就业减少，储蓄下降，心脏就会贫血；游资泛滥，脱离实业，投机性的票面虚拟财产膨胀，有单一的资金回流而无必要的资金输出，心脏就会淤血；实业发展，利润、收入增加，企业扩张，就业扩大，储蓄率上升，盈余资金和本息归还以超过输出的规模回流，心脏有足够的血液向科学和技术领先的新兴实业部门和基础设施建设提供充分发展的资金，经济才会永远保持跳跃前进的蓬勃朝气。

金融的健康、活跃反映着经济的兴旺和强壮。90 年代以来，上海金融已逐步形成以中央银行为领导，国家专业银行为主体，国内外多种金融机构并存，短期资金、证券市场和外汇三大市场相结合，2700 多家营业网点覆盖全市城乡的多元化金融服务网络。各银行推出一系列金融品种，拓宽了个人投资渠道，既方便了市民，又吸纳了大量社会资金。各类银行卡、信用卡到 1996 年底已发行 350 万张，ATM 机安放已超过 1000 台，个人大额存单抵押贷款，个人外汇交易、代发工资，以及品种繁多的人寿险和财产险，使金融服务进一步面向大众。

1997 年，上海金融、保险国内生产总值 472.49 亿元，占第三产业国内生产总值的 30.87%，占全市国内生产总值的 14.06%。1997 年，上海短期资金市场拆借资金总额约 1898 多亿元；证券市场上市公司 383 家，证券总数 459 种，年成交金额约 3 万亿元；外汇市场年成交金额 697.14 亿美元；保险业务总收入 94.05 亿元。①

金融业的巨变扭转了 1992 年以前上海金融机构行业和类型单一的局面。1992 至 1996 年，全市金融业增加值以年均 18% 的速度增长，融资能力的大幅度提高，给上海经济发展提供了资金保障。据统计，1992 至 1996 年全市银行贷款余额新增 1843.8 亿元，有力地支持了城市建设和企业的正常运转、发展；通过股票上市和发行债券，上海企业获得资金 200 多亿元。②

（四）贸易

发展生产不是经济建设的最终目的，只是满足人民物质、文化生活需求的根本手段，生产必须依附、服务于生活消费，离开生活消费，失去目的和意义的生产，将成为一种浪费资源的无效劳动。商业是城市繁荣景象的生动体现，外贸维系着上海经济的盛衰。商品流通、对外贸易连接供给与需求，在社会再生产过程中占据纽带和中介地位，消费价格信号的正确传递和有购买力消费愿望的顺利

① 黄金平主编：《上海改革开放实录（1992—2002）》，上海书店出版社 2015 年版，第 125、126 页。

② 周振华：《增长方式转变》，上海社会科学院出版社 1999 年版，第 85 页。

实现，是经济实现良性循环的重要导向与稳定支撑。

上海是全国商业零售兼批发中心、物资集散中心和对外贸易的主要口岸。1997 年，社会消费零售总额 1325.21 亿元，批发销售总额 1524.77 亿元（市外批发销售总额 239.36 亿元）。[①] 在物资消费量中，煤炭 3671.12 万吨、燃料油 304.88 万吨、生铁 1343.99 万吨、焦炭 630.97 万吨、水泥 443.89 万吨、木材 60.3 万立方米。[②]

三大期货市场，金属交易所 1997 年成交金额 2827.3 亿元，商品交易所成交金额 790.52 亿元，粮油交易所成交金额 175 亿元。1997 年，口岸进出口总额 586.8 亿美元，其中，兄弟省、市、自治区经过上海口岸进出口 301 亿美元；上海自身进出口 258.5 亿美元，出口 147.24 亿美元；技术出口 6.64 亿美元。[③]

1997 年，上海商业从业人员已达 145 万，国内生产总值 381.8 亿元，占全市国内生产总值比重的 12% 左右，仅次于工业和金融业。商业营业面积 1006 万平方米，营业面积 1 万平方米以上的大商厦约 40 家，年销售额突破 30 亿元的大企业 10 多户，连锁经营和超市总量占全国总量的 1/6；商业、粮食企业被列入全国第一批大型非工业企业名单 79 家，其中零售、批发业 50 家，饭店、餐饮、服务业 18 家，仓储业 11 家；其中大型一档企业 38 户，占全国同类

---

① 冯小敏主编：《中共上海历史实录（1949—2004）》，上海教育出版社 2004 年版，第 1176 页。

② 《上海经济增长趋势与预测分析》课题组编：《上海经济长期增长的趋势与 1998 年预测》，上海财经大学出版社 1998 年版，第 117 页。

③ 朱晓明、袁海君主编：《上海出口产品年鉴 1999》，上海交通大学出版社 1999 年版，第 9 页。

企业总数的 1/5。①

90 年代以来，上海已形成繁华特色的南京路商业街、高雅特色的淮海路商业街、大众消费特色的四川北路商业街、购物旅游文化娱乐特色的西藏中路商业街和位于南市区（现已并入黄浦区）的豫园旅游商城、位于徐汇区的徐家汇商城、位于浦东新区的新上海商城、位于闸北区（现已并入静安区）铁路上海站的不夜城“四街四城”为市级商业中心，以及以静安寺、曹家渡、提篮桥、老西门、十六铺、长寿路、打浦桥、五角场及郊区县城等 32 处商业稠密街道为地区级商业中心相结合的崭新格局。以上“四街四城”集中了上海一大批名特商店和大型商厦，1995 年消费品零售总额接近全市消费品零售总额的 40%。其中，南京路商业街，共有商业、餐饮服务企业 368 家，营业面积 95 万平方米，消费品零售总额 201 亿元，占全市消费品零售总额的 20.72%，被誉为“中华第一商业街”。②

此外，上海还形成了福州路文化街、云南路、黄河路、乍浦路美食街，北京东路五金街，威海路汽车配件街，中山北路物资贸易街等一批专业商业街。

（五）房地产

土地是城市的最大资源和最重要的财富，但在计划经济年代，

① 陈威、石仲泉、李君如主编：《走进改革开放新阶段——十四大以来中国发展之路》，学习出版社 1999 年版，第 804 页。

② 陈至立主编：《上海年鉴 1996》，上海人民出版社 1996 年版，第 190 页。

稀缺土地资源的级差地租无法得到充分利用。上海房地产市场在80年代后期开始恢复，1992年进入了繁荣期。随着房地产开发经营的兴起，至1995年底，上海已有房地产开发经营企业2637家（中资企业2243家，外资企业394家），其中，房地产一级资质企业34家。①

上海的房地产市场主要有6个方面：一是建立相对完善的土地租赁市场，以土地使用权的转移为基本内容，包括土地批租市场和土地转让市场。二是房地产开发市场，主要业务范围是通过房地产开发公司和发展商，组织和实施对土地及其附属物的投资开发。三是建设施工市场，其市场主体是建筑商，它们通过各种方式获得施工委托，按合同兴建多种物业。四是房地产交易、租赁市场，这是一个出售、出租住宅、各种楼宇及机关物业的市场。五是房地产金融市场，它是房地产开发经营活动的融资场所。六是房地产服务市场，主要提供代理、信息、咨询、评估、保证、设计、监理等多种规范服务，也包括工商、税务、纠纷仲裁等服务。

上海房地产业和房地产市场的发展，推动了城市土地、房产资源的优化配置和有效使用，促进了城市功能布局和产业结构的合理调整，改善了城市基础设施和市民的居住条件，在创造更多的就业机会和提供城市财政收入等方面都起到了相当大的作用。

上海通过土地批租吸收外资参与旧区改造，到1995年底，全

① 《上海建设》编辑部编：《上海建设（1991—1995）》，上海科学普及出版社1996年版，第612页。

市共引进内外资批租土地1000多幅，出让面积1万公顷左右。其中，市区批租400多幅，出让面积370多万平方米；属于旧区改造地块200多幅，出让面积近200万平方米；土地批租共收取出让金80多亿美元和100多亿元人民币，使上海旧区改造的资金投入量成倍增加。①

（六）旅游业

吃、穿、住、行、观光、娱乐、购物为一体，是永不衰落的朝阳产业；既有风景、文化出口的创汇功能，又有连接商务活动，吸引国内消费需求，推动各行各业发展的杠杆作用。

名胜古迹、革命活动旧址和日新月异的城市面貌为上海提供了丰富的旅游资源，房地产业的兴盛建设了完善的旅游设施。到1995年，上海已组建锦江、华亭、东湖、衡山等五大旅游企业集团，有各类涉外星级宾馆120家，标准客房23万多间；各类旅馆、饭店和招待所3600多家，床位23万张，各类餐厅2.5万个。

90年代以来，为了发展旅游经济，提高旅游服务水平，上海成立了市旅游工业党委和市旅游委员会，20个区县相继成立了旅游管理机构。同时，上海积极推进旅游业发展的合理布局，着力建设旅游、旅游咨询服务、旅游散客服务、旅游人才培训，旅游统计信息等六大中心；推出上海概貌景观游、都市商业购物游、人文历史博览游、浦东开发新貌游、美食娱乐消闲游、民俗文化风情游、体育

---

① 《上海建设》编辑部编：《上海建设（1991—1995）》，上海科学普及出版社1996年版，第150页。

竞技健身游、郊区休闲度假游、投资金融商务游、工农及科技观光游这十条旅游线路。

上海还开发形成了分布在内环高架路以内的市中心商业文化主题旅游圈，分布在内环线以外和外环线两侧的环城社区文化主题旅游圈和分布在外环线以外的远郊田园风光休闲度假主题旅游圈。至1997年，上海共创办38家国际旅行社和296家国内旅行社；34家旅行社跨入全国“百强”行列，上海中国旅行社股份有限公司位居全国国际旅行社排名榜第二，上海春秋旅行社位居全国国内旅行社排名榜第一。1997年，上海接待海外入境游客165万人次，创汇517亿美元；接待国内游客6780万人次，国内旅游货币同笼606.8亿元。①

（七）咨询业

随着市场经济的发展以及政府对企业直接管理的弱化，作为政府与企业之间、企业与企业之间、企业与社会之间的桥梁——社会中介组织在上海迅速崛起。咨询业接受政府、社会团体、国内外企业、个人委托，运用理论、技能、知识帮助客户解决疑难问题，是显示城市智慧的脑库。

上海现代咨询业从1979年开始兴起，主要从事政策咨询、管理咨询、工程咨询、技术咨询；经十余年开拓发展，已初具规模。至1995年底，全市共有咨询企业（机构）7703家，中外合资、合

① 冯小敏主编：《中共上海历史实录（1949—2004）》，上海教育出版社2004年版，第1154页。

作、外商独资的咨询机构及国际咨询公司在上海开设的分支机构246家；覆盖工业、外贸、经济、科技等十大系统；其中主营咨询的机构1820家，兼营咨询的机构5883家，从业人员13.64万，专业人员9.26万。[①] 此外，律师事务所、会计师事务所、审计事务所、翻译事务所、设计事务所、市场调查、医务、信息服务、科技情报检索等专业咨询机构也在稳步发展。

上海有涉外咨询权的单位42家，上海社会科学院经济、社会、法律咨询中心，是上海市最早开展涉外咨询的单位之一，已被批准获得从事世界银行对中国投资项目的咨询资格。上海投资国际咨询公司也是开展涉外咨询成绩卓著的单位，10余年来，经该公司咨询创办成功的“三资”企业已超过100家。

1995年6月，上海市资产评估中心正式成立，统一管理上海市各行业和各企业的资产评估工作。至1995年底，上海市批准设立资产评估机构67家，其中具有资产评估正式资格的评估机构28家，具有资产评估项目资格的评估机构39家。1995年，咨询企业（机构）全年收入突破15亿元；1997年，上海信息咨询业国内生产总值29.94亿元。[②]

---

① 陈至立主编：《上海年鉴1996》，上海人民出版社1996年版，第266页。

② 张宝和主编：《中国市场经济信息库（上海卷）1998》，改革出版社1998年版，第80页。

三、发展科技教育

（一）科学技术

“科学技术是第一生产力”，经济建设必须依靠科学技术，只有不断实现科学技术的创新，才能维持经济持续发展。

1997年底，上海已有自然科学各类科研机构1327家，其中，属于中国科学院、国务院各部委、上海市级的有278家。上海先后组建了生命科学、应用物理、新材料3个科学研究中心及绿色农业工程、先进制造工程、建设机器工程等8大技术工程研究中心；建立了29个国家重点实验室，上海人类基因组研究中心和17个国家级企业技术中心，其中，若干领域的研究已步入世界先进行列；初步形成了一支包括100多名中国科学院、中国工程院院士在内的3000人左右的学科带头人和科研骨干队伍，科学家和工程师总量已超过10万名。

改革开放以来，上海致力于对分子生物学、细胞生物学、神经生物学以及同工程科学相结合的生物技术等领域的研究，并形成和发展了基因工程、细胞工程、微生物工程、酶工程等生物技术。80年代，首次人工合成了酵母丙氨酸转移核糖核酸，初步培育出具有分化能力的水稻无性细胞株等。1996年，构建了世界第一张高分辨率水稻基因组物理全图，被誉为我国继人工合成牛胰岛素和核酸后的又一重大基础性研究成果；线聚焦激光与等离子体相互作用研究，使中国在强激光与物质相互作用研究方面处于国际领先地位；肿瘤细胞相关基因克隆及结构功能研究项目取得重大突破，被国际科学界誉为白血病治疗史上的“中国革命”，转基因羊研究也取得了重大进展。

在基础理论研究方面，李国豪的“桁梁桥空间挠曲扭转理论”，钱伟长的薄板薄壳统一理论中所用的非线性微分方程组，张香桐在脑研究中发现的光强化现象，邹冈和其导师张昌绍提出的吗啡镇痛有效部位，夏道行的一类解析函数，卢鹤绂在物理学研究中导出的弛豫压缩基本方程，黄宏嘉的光纤研究等均达到国际先进水平。

在科技应用方面，上海在 80 年代开发出集成电路和大规模集成电路、多种大中小型和微型电子计算机、“上海一号”和“上海二号”机器人、多种加速器、零功率反应堆、离子注入器及各种核仪器；开拓了红外遥感技术，建成 30 万千瓦核电站，还研制成多模梯度石英玻璃光导纤维及多种型号的军用舰船和战术导弹。

1980 年至 1990 年，上海共取得重大科技成果 2 万多项，其中，达到国际水平的占 21.2%，国内领先的占 63.5%。“八五”期间，上海 265 家科研院（所）、46 所高等院校、473 个企业技术开发机构，共完成科技成果 10195 项，其中，“长征”系列火箭、“风云二号”气象卫星、“神光”高功率激光装置、人工合成植物抗癌成分美登素、氟碳代血液、无水冷陶瓷发动机等一批成果达到了世界一流水平。1996 年，上海又取得重大科技成果 1094 项，其中，达到国际水平的占 32.7%。①

90 年代以来，上海在高科技领域坚持基础研究与应用开发并举，承担“国家高技术研究发展计划”（简称 863 计划）高科技课题 200 多项，在生物技术、航天技术、信息技术、自动化技术、新材料、激光技术六大方面，取得了重要成果。从 1995 年开始，上海在信息技术、新材料技术、先进制造技术、现代生物技术、绿色技术五大技术领域进行重点攻关，取得重大进展；其中，上海科技信息网已于 1997 年底开通，稀土荧光粉、轿车用钢和轿车用工程塑料等已进入应用；CAD 技术（计算机辅助设计）、计算机集成接口技术、网络技术已得到应用；一批生物工程药物已投放市场。1997 年，上海科技成果推广应用率达 80.4%，科技对经济增长贡献率达 41.02%。②

（二）教育

落后国家贫困的主要原因不在于缺乏有形的物质资本而在于缺乏无形的人才资源。人才是上海的第一资源，教育是人才培养的摇篮。

1997 年，上海有普通高校 39 所，在校学生 15.38 万人，研究生 1.68 万人，全市每万人中有 113 名大学生；还出现了全国第一所全日制民办高校杉达学院和民办公助的光启、华夏学院。

① 上海社会科学院《上海经济年鉴》社编：《上海经济年鉴 1997》，上海社会科学院《上海经济年鉴》社 1997 年版，第 30 页。

② 梁新：《朱镕基谋略》，内蒙古人民出版社 1999 年版，第 77 页。

“八五”期间新设置了金融、外贸、房地产、通信等专业和新兴学科专业，改造调整了一批老专业；理、工、农、医专业比例从“七五”末的70%调减至60%左右，文、史、政治、经济等文科专业比例由原来的30%增至40%左右。

上海高校注重研究生培养，1997年底，高校和科研机构有博士点320个，硕士点800多个。1981年至1997年，共授予硕士学位36183人，博士学位4665人。

此外，上海高等教育还有计划地发展了以工科为主的专科教育，重点加强、扶持培养周期短、应用性强、教育经济效益较高的专科学校。1997年底，全市有高等专科学校20所，在校学生数万人。上海高校自1979年至1990年接受五大洲81个国家和地区的留学生3600多名。1996年，在沪留学生达2754人。1996年，上海高校获得各种科技奖励354项，其中，国家发明奖和国家科技进步奖19项；上海科技进步奖89项，一等奖8项。

90年代，上海通过扩大市区重点中学办学规模，采取初、高中脱钩等办法，优化教育资源，提高办学水平；至1997年，上海有中学812所，在校学生74.43万人；高中升学率88.6%；有小学1533所，在校学生102.44万人；全市学龄儿童入学率达99.9%；初中入学率100%。①

上海拥有一批特色小学，如有“乒乓运动摇篮”之称的巨鹿路

① 陈威、石仲泉、李君如主编：《走进改革开放新阶段——十四大以来中国发展之路》，学习出版社1999年版，第832、833页。

第一小学，有排球运动传统的淮海东路第一小学，有“足球学校”之称的平凉路第四小学和被誉为“象棋小学”的半淞园路第二小学等。

上海市、区（县）普遍建立起各类校外教育机构，初步形成了以少年宫、少儿科技指导站、少儿图书馆三大系统为主体的三级校外教育网络。

1978 年开始，上海调整改革中等职业教育结构，将一部分普通中学改办为职业中学，整顿技工学校，并恢复和发展中等专业学校；技工学校工种设置、中专学校和职业学校的专业设置，几乎覆盖上海所有产业部门和全部专业部门。1996 年，上海中等职业技术学校调整为 310 所，在校学生 24 万，占高中阶段学生数 63% 以上；每万人中接受职教人数 213 人，居全国第一。①

为适应经济科技发展新形势，上海积极进行就业试点，1997 年建立了第一所独立设置的商业高等技术学院，并在 10 余所高校开设 31 个专业，招收高职学生 1525 名，逐步形成初、中、高相衔接的职教体系。与此同时，上海成人教育也进入新的发展时期。1979 年，开办上海市电视业余中学；1981 年，建立成人初、高中自学考试制度；1982 年，在全国首批试办高等教育自学考试。1983 年至 1986 年间，先后设立成人中等专业学校 122 所，并创办上海电视中等专业学校。

---

① 上海市教育委员会编：《上海教育年鉴 1998》，上海教育出版社 1998 年版，第 56 页。

1983年起，上海各系统、各部门和大型企业，对已受过高等教育的工程技术人员、各类专业干部和管理干部开展了专业继续教育，建立了科技人员继续教育基地；至1991年底，初步形成了从初级到高级、专业门类比较齐全、层次结构比较合理，并能同普通教育相互沟通和协调发展的成人教育体系，并开始实施“90年代上海紧缺人才培训工程”。

1996年，全市有成人高校111所（其中独立设置的65所），在校学生达8万余人；成人中专118所，学生7.8万余人；区办业余中学78所，乡镇成人中等文化技术学校208所。此外，还有社会办学的学校1188所，就学人次150多万；中外合办学校49所。全市接受成人教育总人数约220余万。①

四、繁荣文化体育

一个民族要想站在洞察未来的科学最高峰，就一刻也不能没有理论思维的远见卓识；一刻也不能没有摆脱庸俗愚昧追求真善美的文化和吃苦耐劳、负重致远的身体素质。

（一）社会科学

1978年，上海开始制定社会科学研究规划。在全国哲学社会科学研究“六五”“七五”“八五”规划中，上海承担多项国家重点

① 顾国治：《继续教育理论与实践》，上海科学技术文献出版社2000年版，第27页至第31页。

项目和数百项市重点项目。

上海社会科学研究成果丰硕，1978 年至 1991 年，作为国内最大的地方社会科学研究机构，上海社科院取得 1.9 万余项成果，其中，专著和各类著作 600 余部，调查报告 1 万余篇；高等院校系统取得成果 2.7 万余项，其中，专著和各类著作 3000 余部，调查报告 2 万多篇。在 80、90 年代举行的全市哲学社会科学科研成果评奖活动中，夏征农主编的《辞海》、谭其骧主编的《中国历史地图集》等一大批国家级优秀成果获奖。

上海哲学社会科学“九五”规划以改革开放和现代化建设重大理论问题和实践问题为主攻方向，坚持以应用研究和对策研究为主，同时加强重点学科建设，发展新兴、边缘、交叉学科和跨学科的综合研究。上海拥有社科院、高等院校、党校、在沪军事院校、党政机关研究机构五大方面的社会科学研究机构，上海社科院和市委党校都建立了邓小平理论研究中心。上海社联有 94 个学会，出版《学术月刊》等刊物 48 种；高等院校设有 52 个文、史、哲、经济等研究所以及 13 个研究中心和 50 多个研究室；党政机关研究所（室）24 个，市委党校设有 5 个研究中心。90 年代以来，又建立了上海市人民政府发展研究中心和长江流域发展研究院等 5 所市级学术机构。

（二）文学艺术

文学艺术进入 80 年代，上海长、中篇小说有吴强的《堡垒》、峻青的《海啸》、周而复的《上海的早晨》（第三、四部）、叶辛的

《孽债》、王安忆的《长恨歌》、徐兴业的《金瓯缺》、程乃珊的《蓝屋》、王小鹰的《一路风尘》、俞天白的《大上海沉没》和卢新华的《伤痕》、陈村的《大渡河》、茹志鹃的《剪辑错了的故事》等一批影响广泛的作品；散文、报告文学、诗歌和儿童文学也有不少名篇。

戏剧、曲艺涌现出《曹操与杨修》《商鞅》《忠魂曲》《明月照母心》《金龙与蜉蝣》《阿混新传》《孤山探梅》等一批优秀作品。上海杂技团在国际比赛中多次获奖。

电影、电视剧事业蓬勃发展。故事片、美术片、科教片、译制片生产势头良好，对外交流活跃。80 年代以来至 1991 年，上海已有 42 部影片在国际上获奖 69 次，49 部美术片在国内获奖 71 次，科教影片有 103 部（次）影片在国内获奖，56 部（次）影片在国际获奖。1988 年上海制作电视剧仅 87 剧集，但至 1996 年已创作和制作电视剧 1500 余集。

音乐舞蹈有新的发展，上海民族乐团等单位的民族管弦乐队，传统民间乐曲挖掘、整理和新乐曲创作，获得重大成果；上海交响乐团在演出了各国著名交响乐曲的同时，创作演出革命历史题材和反映现代化建设题材的作品，进行了民族化的成功探索。1979 年，上海歌舞团和上海芭蕾舞团成立，1985 年，又组建了上海舞剧团；上海芭蕾舞演员在国际芭蕾比赛中多次获得第一名。

80 年代以来，林风眠、刘海粟、朱屺瞻等老一辈画家多次举办个人画展；中青年画家的优秀创作也以“海平线绘画联展”等方式集中展开；上海美术作品在全国美展中多次获奖，并在国际美展中屡获荣誉。始于70年代的金山农民画是上海民间美术的一大特色，80年代又出现松江丝网版画，90年代又有宝山吹塑版画。雕塑艺术也有较大发展，张充仁的《聂耳》雕像堪称佳作，刘开渠的《萧友梅铜像》获首届全国城市雕塑优秀奖。

图书、文博、档案也是上海文化事业的强项，至1997年底，有市级图书馆2所、区县图书馆32所，馆藏图书1585万册；有全国重点文物保护单位13处、市级文物保护单位67处、纪念地点21处；社会历史类、艺术类和自然科学类博物馆、纪念馆39座、区县级博物馆11座；有上海市档案馆等各类档案馆48个，馆库面积5.7万余平方米，收藏近代以来政治、军事、经济、文化、外交及市政建设等中外文重要文件记录等档案500多万卷。①

同时，上海的新闻出版事业也日益活跃。上海拥有《解放日报》《文汇报》《新民晚报》等7份日报；1997年，上海出版报纸87种，年发行19.34亿份，出版刊物587种，年发行1.66亿册。②

1978年以来，全市重建了上海人民出版社、上海文艺出版社等出版社，新建了上海古籍、辞书、译文等出版社，兴办了一批专业出版社和大专院校出版社；在大型工具书、画册、古籍整理、大型丛书等方面已形成特色，成为适应国内各行业、多层次读者需要的

① 《上海文化年鉴》编辑部编：《上海文化年鉴1999》，《上海文化年鉴》编辑部1999年版，第44页。

② 《上海文化年鉴》编辑部编：《上海文化年鉴1998》，《上海文化年鉴》编辑部1998年版，第66页。

出版基地。1997 年上海 37 家出版社出书 9928 种，印行 2.7 亿多册。①

1997 年，上海人民广播电台和上海东方广播电台 12 套节目，平均每天播音时间 191.1 小时；上海电视台、上海东方电视台、上海有线电视台、上海教育电视台自办节目 10 套，平均每周播放时间 672 小时；有线电视终端已达 220 万个。②

在 20 世纪 90 年代，上海文化产业依托经济发展和大型文化设施的建成，有了长足的进步，初步形成了以电影电视业、出版印刷业、文化娱乐业为三大先导的产业基本结构，初步建立了图书报刊、电影电视、音像、演艺、娱乐等多层次的文化市场体系，初步形成了一套以规范文化市场为核心的文化市场法规框架。至 1997 年底，在广播电视方面，上海市广电局总资产已达 81.1 亿元，比 1992 年的 14.5 亿元增长 5.6 倍；在出版业方面，上海市新闻出版局系统总销售收入为 31.79 亿元，比 1992 年增加 12.69 亿元，总利润也为 1992 年的 1.5 倍；在娱乐方面，有各类娱乐场所 5456 家，比 1992 年增加了 5000 家。③

（三）体育

改革开放以来，上海现代化体育设施渐趋完整，有设施先进的

① 《上海文化年鉴》编辑部编：《上海文化年鉴 1998》，《上海文化年鉴》编辑部 1998 年版，第 89 页。

② 国家广播电影电视总局《中国广播电视年鉴》编辑委员会编：《中国广播电视年鉴 2000》，中国广播电视年鉴社 2000 年版，第 54 页。

③ 童世骏、方松华：《中国特色社会主义理论：上海的探索与实践》，上海社会科学院出版社 2008 年版，第 144 页。

上海体育场、上海万人体育馆、上海游泳馆和符合国际标准的上海水上运动场、上海自行车赛场及一批综合性的体育场。1997 年，上海又新建、扩建 38 个高质量、多功能的体育场馆，目前各类体育场地约 4810 个，其中标准基地达 70% 。①

80 年代，上海举办过 3 次世界性单项比赛和 6 次亚洲单项比赛，90 年代又举办了东亚运动会、特奥运动会，第三届全国农民运动会和第八届全国体育运动会。至 90 年代初，上海运动员有 80 人次先后获得世界冠军，59 次打破世界纪录。1991 年至 1994 年，上海在国内外大赛中获得 44 项冠军，打破（超过）26 项世界纪录。

在 1992 年第二十五届奥运会上，中国体育代表团的上海运动员分别获得 2 枚金牌、5 枚银牌，打破 2 项世界纪录；在 1996 年第二十六届奥运会上，获得 1 金 9 银 1 铜共 11 枚奖牌。1996 年在全国重大比赛中，上海运动员共获得 144 枚金牌，金牌总数和团体总分在全国名列前茅。1997 年，上海运动员在全国第八届运动会上，以 42 枚金牌总数和 2218.5 的比赛总分荣获两项第一。②

五、健全民主法制

选举权和被选举权是人民行使国家权力的主要标志，是最重要

① 上海市体育局主编：《上海体育建筑》，同济大学出版社 2000 年版，第 192 页。

② 上海文化年鉴编辑部编：《上海文化年鉴 1998》，《上海文化年鉴》编辑部 1998 年版，第 45 页。

的政治权利。1979 年 7 月，第五届全国人民代表大会第二次会议重新制定的《中华人民共和国代表大会和地方各级人民代表大会选举法》（简称“选举法”）和地方组织法，对我国民主选举制度做了重要改革，扩大了选民的民主权利，提高了选举的民主程度。上海从 1979 年到 1997 年共进行多次换届选举，都十分注意充分发扬民主，严格按照法律规定的程序办事，为全市人民充分行使自己的民主权利、参与国家管理，提供了良好的法律制度保障。

城乡基层民主建设不断深入。上海郊县农村从 1991 年开始，开展了以民主选举、民主决策、民主管理、民主监督为主要内容的村民自治示范活动；到 1997 年底，全市 2886 个村已有村民自治示范（达标）村 2042 个，占 70.8%，214 个乡镇中有村民自治示范（达标）镇 65 个，占 30.4%，10 个县（区）有三个被评为村民自治示范县（区）；在城市实行了由居民直接投票选举居民委员会。①

地方立法成绩显著，社会主义法制建设取得重大成绩。全市政治生活、经济生活和社会生活基本上做到了有法可依。1979 年至 1997 年，上海市人大及其常委会制定了 135 件地方性法规，其中经济方面 34 件，城市建设和管理方面 23 件，科技、教育、文化、卫生方面 21 件，社会生活方面 35 件，人大工作和政权建设方面 22 件，主要内容及意义如下：

（一）为了推进对外开放，上海制定了经济技术开发区、外商

① 金盛先：《农村经济探索》，上海财经大学出版社 2002 年版，第 411 页。

投资企业清算、外高桥保税区、外商投资企业审批、外商投资企业劳动人事管理等方面的地方性法规，为对外开放创造了良好的法制环境。

（二）为了促进社会主义市场经济运行机制的建立，上海市人大常委会制定了反不正当竞争、保护消费者合法权益、产品质量监督、价格管理、统计管理等方面的地方性法规，这些法规的颁布实施，保护了经营者和消费者的合法权益，促进了本市市场经济的健康发展。

（三）为了适应上海这一特大型城市建设和管理的需要，市人大常委会制定了环境卫生管理、黄浦江上游水源保护、植树造林绿化、公园管理、城市规划、环境保护、道路交通管理、道路运输管理、道路桥梁管理、供水管理、排水管理、房地产登记、地铁管理、居住物业管理等方面的地方性法规，为依法管理城市提供了有力的法制保障。

（四）为了推进本市社会主义精神文明建设，市人大常委会先后制定了普及义务教育、职业技术教育、职工教育、公民义务献血、计划生育、图书报刊市场管理、文化娱乐市场管理、演出市场管理、音像制品管理、职业病防治、母婴保健等方面的地方性法规。

（五）为了保障公民的合法权益，市人大常委会制定、实施了青少年保护、老年人保护、妇女权益保护、残疾人保护、归侨侨眷保护、少数民族权益保护等方面的地方性法规。

（六）为了维护本市社会稳定，市人大常委会制定实施了集会游行示威、社会治安防范责任、严禁赌博、收容遣送管理、人民警察巡察、信访、外来流动人员管理、宗教事务等方面的地方性法规，在引导公民依法正确行使宪法赋予的民主权利，促进社会稳定和治安形势好转和维护社会秩序等方面，发挥了积极作用。

此外，上海市人民政府还制定了 748 件规章，给政府部门提供了依法行政的重要依据。上海从制度上保证司法机关依法独立行使审判权和检察权，积极推行司法改革，在审判方式改革方面有了新突破，进一步发展完善了诉讼体制，逐步建立了错案责任追究制度。

法律服务业取得长足进步。1997 年底，上海律师事务所已发展到 286 家，拥有律师 4464 人，有 1. 94 万家国家机关、企业事业单位、社会团体聘请了法律顾问；公证机构从 1 个发展到了 22 个。①

① 彭旨平：《以邓小平理论为指导，推动上海司法行政工作发展》，司法部司法研究所编：《依法治国基本方略论文集》，法律出版社 1999 年版，第 462 页。

第八章　超大城市治理现代化的上海答卷

一、绘制振兴蓝图

21世纪，上海面临新的历史抉择，开始探索在改革开放新形势下的发展道路，开始酝酿旨在改造振兴上海的发展战略。

早在1984年9月，上海便召开了在改革开放进程中具有重要意义的第一次大型经济发展战略研讨会。国家计委、国家经委、国家科委、财政部、经贸部、商业部、城乡建设部、国家物资局、中国人民银行、中国银行、中国社会科学院等部门的领导，一大批国内著名经济学家，国务院上海经济区规划办公室负责人，辽宁、北京、天津、江苏、浙江、安徽、四川、广东等省市的领导和专家应邀出席会议。这是一个“群贤毕至、少长咸集的盛会”，会上提出了七个需要研究的题目：

一是上海经济、社会、科技发展有哪些有利因素和不利因素，如何扬长避短，发挥有利因素，克服不利因素；二是关于上海经济、社会、科技发展战略的目标，有哪几种设想，最优战略目标如何选择；三是如何进一步把上海建设成为一个对外开放、对内联合的、产业结构合理的、多功能的、现代化的中心城市；四是上海在引进和消化国外先进技术和管理方法，以及利用先进技术改造传统产业等方面，如何为全国实现“翻两番”的任务做出更大贡献；五是为保证战略转变的实现，经济管理体制（包括计划体制和价格体系）应当做出哪些改革，应当制定哪些特殊政策；六是实现上海经济、社会、科技发展的最优目标，应采取哪些战略步骤和部署；七是有关上海经济发展的其他重要问题。

专家们运筹谋划，共商大计，提出了许多对上海发展产生重大影响的思路、对策和方针。最后形成了由上海市政府和国务院调研组联合上报的《上海经济发展战略汇报提纲》（以下简称《汇报提纲》）。

这次研讨会在四个方面取得了共识：（一）上海应当成为我国“四化”的开路先锋；（二）上海要充分发挥对外开放和多功能的中心城市的作用；（三）上海近期工作的重点要放在改革、开放和理顺经济上；（四）进行体制改革是实现上海经济发展战略目标的基本保证。这次研讨会又为上海的发展提出了六大方针：（一）实行对国内外都开放，起沟通内外桥梁作用的方针；（二）实行广泛引进先进技术，有重点地加快改造传统工业的方针；（三）实行主要采取逆向发展新技术，开拓新兴工业的方针；（四）实行发展第三产业，为全国服务的方针；（五）实行逐步改造老市区与积极建设新市区相结合的方针；（六）实行加强社会主义物质文明和精神文明建设相结合的方针。①

在这次研讨会上，专家就上海改革开放和迫切需要中央支持的一系列重大问题所提出的建议被写进了《汇报提纲》，引起了上海市党政领导和党中央的高度重视。这次研讨会后，党中央领导同志到上海视察工作，并听取上海经济发展战略研讨会的情况汇报，明确提出："上海是对外开放，对内联合两个扇面的枢纽，上海应该在改革、开放的形势下，抓住时机，克服困难，使经济发展逐步走上良性循环的道路。"②

1985 年 2 月，国务院批转了《汇报提纲》，要求上海在国家的"四个现代化"建设中发挥开路先锋作用，力争在 20 世纪末把上海建设成为开放型、多功能、产业结构合理、科学技术先进、具有高度文明的社会主义现代化城市。

党中央、国务院为支持上海的改造振兴，于 1986 年批准了间接利用外资的"94 专项"，给了上海到国际金融市场融资 32 亿美元额度的权利。1988 年，又同意上海财政包干，从该年起，地方财

① 张晋藩主编：《中华人民共和国国史大辞典》，黑龙江人民出版社 1992 年版，第 1031 页。

② 崔宁：《重大城市事件下城市空间再构——以上海世博会为例》，东南大学出版社 2008 年版，第 69 页。

政每年上交国家财政105亿元，一定五年不变至1992年，并规定地方财政收入超过165亿元时，超过部分则由中央和地方对半分成。

企业改革是城市经济体制改革的中心环节，振兴上海首先要振兴上海的企业。上海是国有企业最集中、过去计划经济制度最完备的地区之一，因而上海企业改革的难度也最大。改革开放以来至90年代，上海为此进行了艰苦的探索。上海企业改革的进程大致可分为两个时期：

（一）第一时期是从1979年至1990年，历时12年。这一时期的主要特点是对企业放权让利，并相应地改善企业的内部经营机制。这一时期上海主要进行了三个方面的探索。

一是着眼于增强企业活力，进行扩大企业自主权的改革。1979年至整个80年代，上海扩大企业自主权大致经历了四个阶段：

（1）第一阶段是实行企业和行业的多种形式的利润留成。1979年4月，国家经委部署在京、津、沪三地对国营大中型企业进行首批扩大企业自主权的试点工作，其中，上海有上海柴油机厂、上海汽轮机厂和彭浦机器厂3个厂。到当年7月底上海已扩大到106个企业。按国务院的规定，在这些企业中实行基数留成和增长分成的利润留成办法。1980年1月，国家经委、财政部正式批准上海市冶金工业局、纺织工业局试行以局为单位的利润留成。① 接着，又在

① 上海冶金局办公室编：《上海冶金1988》，上海科学技术文献出版社1989年版，第36页。

建工局、轻工局等单位实行全行业利润留成。

（2）第二阶段是在企业中实行以税代利、自负盈亏。1980年底，上海先在上海轻机公司等单位试行“利改税”，到1983年，全市已有1274户国营工业企业实行了第一步“利改税”。1984年10月，上海又开始实行第二步“利改税”，与此同时，交通、建筑、商业、物资等部门的企业，也都结合自身的特点由利润留成制度发展为“以税代利”，改进了国家与企业的分配关系，增强了企业自主经营、自负盈亏的能力。

（3）第三阶段是对企业进行全面配套改革。1985年5月，国务院颁布了《关于进一步扩大国营企业自主权的暂行规定》，即“扩权十条”。上海市政府按照国务院文件精神，制定了具体实施意见，即“扩权十二条”，并选择了58个大中型企业试行全面配套改革，同时决定在上棉十七厂、上海机床厂、上海无线电二厂等企业进行工资基金总额承包以及工资与企业利税挂钩的试点。

（4）第四阶段是推行多种形式的企业承包经营责任制。从1984年起，上海开始在国营大中型零售商业企业中试行承包经营责任制；至1985年底，已有40%的国营大中型零售商业企业实施了不同形式的承包责任制；到1988年，全市在占地方预算内全民工业企业总数98%的1591家企业中，推行了以保上缴利润、保出口创汇、保技术进步为内容的承包责任制，确保了全市财政上交任务的完成，也使企业的留利得到较多的增长。① 1989 年，上海在面临市场疲软，原材料、能源和资金短缺，价格、利息及各种费用大幅度提高的情况下，通过招标承包、企业产品结构调整、优化劳动组合、加强企业内部管理等一系列完善承包制的措施，促进了生产发展。

二是着眼于理顺企业的内部关系，进行改善企业内部经营机制的改革。改善企业内部经营机制是搞活企业的重要途径。上海在这方面主要进行了四个方面的探索：

（1）引入竞争机制，优选经营者。1988 年，上海开始在一些企业中进行招标选聘经营者。一般采用两种形式——公开招标，以及由原经营者发布经营纲领，经过评审，由职代会投信任票。到 80 年代末，上海共有 300 多家企业通过这两种形式选聘了厂长、经理。

（2）在企业内部实行优化劳动组合。到 1988 年底，上海有 522 家企业进行了不同程度的优化劳动组合，约占工业企业总数 30.4%；分离富余人员 3.75 万人，约占试点企业固定工人数 4.9%，大部分是转岗或到第三产业工作，少量留职待业。②

（3）推行厂长负责制。从 1985 年起，上海在工业企业中逐步推广厂长负责制，到 1988 年底，全市 90% 以上的工业企业已在体

① 中共上海市委党史研究室编：《上海改革开放风云录》，上海人民出版社 1994 年版，第 114 页。

② 刘国光主编：《中国城市经济社会年鉴 1989》，中国城市经济社会出版社 1989 年版，第 542 页。

制上实施厂长全面负责制。与此同时，上海还进行了企业党组织属地化的试点，1987 年 12 月 22 日，位于闵行地区的四个市属工业企业党组织的领导关系正式由机电局党委移交给闵行区委。

（4）在企业中进行放开经营的试点。1988 年 8 月，由上海市经委、市体改办、市计委、市对外经贸委等八个部门共同研究，经市政府批准，决定在上海第二纺织机械厂等 18 个企业，首批试行放开经营。对这 18 个企业，政府在计划合同、干部任免、产品定价、投资决策、银行开户、工商登记、评比检查、劳动工资、对外经营等十个方面，给予更多的自主权。

三是着眼于盘活企业存量和增加企业实力，进行股份制、产权有偿转让等方面的探索。上海的股份制试点是从 1984 年开始的。1984 年 9 月 20 日，上海第一家股份制企业——上海华宁实业公司问世。同年 11 月 4 日，上海飞乐电声总厂以发行股票的形式集资 60 万元，成立了上海飞乐音响公司。1986 年 8 月起，上海股份制试点从集体、小型企业推向全民所有制大中型企业、先后由市有关部门批准成立了真空电子器股份有限公司、飞乐股份有限公司、豫园商场股份有限公司、兴业房产股份有限公司、新世界贸易股份有限公司等。

到 1988 年底，全市比较规范化的股份制企业已有 11 家，股金总额 8.5 亿元，其中，有 7 家已向社会公开发行股票。与此同时，有 1255 家企业在企业内部以股票、债券形式集资新办企业，发展第三产业等。与股份制试点相配套，还建立了 11 个柜台交易和代理点，成立了4个证券公司。①

上海还探索企业产权有偿转让的路子。上海黄浦区服务公司下属三家小型商业集体企业——云中理发店、为民洗染店、浦南理发店，地处闹市，但都是亏损、微利企业，为了改变这一状况，公司决定公开出售这三家企业。1988年10月，经过拍卖竞争，这三家企业分别以高出底价一倍多的价钱，卖给了上海、武汉和温州的买主。这是上海第一次向全社会公开拍卖小型企业。同时，企业兼并也迈出步子。在20世纪80年代初期发展企业间横向经济联合的基础上，上海纺织机电厂兼并了上海纱管一厂，上海色织染纱四厂与长江色织厂合并组成上海达新染织总厂等，使企业重新合理配置生产要素，促进了生产的发展。

上海还在小型企业租赁给个人经营、开办"租赁市场"、饮食服务业拆账制、小型国营企业转化为集体所有制企业等方面进行了积极有益的探索。

（二）第二时期是从1991年至21世纪初，这一时期的主要特点是转换企业经营机制，探索制度创新的新路。1991年9月，上海提出了放开经营、大办"三资"企业，实行股份制、完善承包制等四种途径，以及仿"三资"企业机制、利税分流、改革劳动人事制度、全员劳动合同制等四个层次改革的设想。

1992年，邓小平同志视察南方，在解放思想的浪潮推动下，股

① 曹凤岐主编：《中国企业股份制改造实务全书》，中国言实出版社1997年版，第182页。

份制企业如雨后春笋般涌现，股份制经济进入了扩大范围、规范发展的新阶段；四种途径、四个层次的改革由点到面，扩大至86%的国有工业企业；50%的国有商业企业也进行了“六自主”改革。

1993年，上海全面贯彻国务院颁布的《全民所有制工业企业转换经营机制条例》，以转换机制为目标的多种形式的改革全面铺开。到1993年底，全市出现股份制企业120多家，其中2/3由国有企业转制。市属1000多家国有企业和职工签订了全员劳动合同或上岗合同，有70多万职工下岗。当时，富余人员大部分转岗，其中，约12万职工经本人同意自谋出路，流向社会。与企业改革相配套的职工待业保险制度、养老保险制度也相继出台。上海在转换企业经营机制，重塑市场经济的微观基础方面迈出了重要一步。[①]

1994年初，上海市政府决定按照中央精神进行现代企业制度的试点。试点设想包括：重建一批国有资产经营公司，尽早实现资产交易，确保增值；对当时已上市的44家股份公司要按现代企业制度的要求，完善内部组织管理体制；对转制后取得明显发展的国有大中型企业，在核定企业法人财产占用量后，可依法改组为单一投资主体的独资公司，也可通过资产转换，以存量资产来改造成为有限责任公司等，鼓励各种类型企业共同出资改组为股份有限公司；对现有或新建的部分中外合资企业，经过协商，逐步纳入有限责任公司轨道。同年，市政府又选择了中百一店、华联商厦等10家商

① 冯小敏主编：《中共上海历史实录（1949—2004）》，上海教育出版社2004年版，第1041页。

业企业进行试点，并由市领导亲自组织成立推进现代企业制度改革的领导小组，精心设计改革方案及配套政策。

1995 年到 1998 年，建立现代企业制度的改革全面启动。上海按照“产权清晰、权责明确、政企分开、管理科学”的基本要求，立足于整体搞活国有经济，推进以建立现代企业制度为核心的改革，逐步探索了一条上海国有企业发展的新路子。主要在以下几个方面取得了突破性进展：

一是开展现代企业制度改革试点。上海先后提出了国有企业增资减债“六个一块”的措施、企业形成“五大机制”和实现“五个加强”的改革思路。试点企业 1995 年是 140 家，1996 年拓展到 250 家。其中，有限责任公司占 44.3%，股份有限公司占 21.4%，集团公司占 20%，授权经营的独资公司占 12.9%。[①] 截至 90 年代末，已有 90% 以上的试点企业初步完成改制，其中，改制为多元投资有限公司的约占 60%，这 250 家试点企业覆盖了全市国有资产的 80% 和全市职工人数的 1/3。可以说，国有经济主体部分都已纳入建立现代企业制度的改革进程。

二是抓好企业的增资减债。通过盘活存量、债权转股权、向国有企业注入资本金等办法，降低资产负债率。如 1995、1996 两年，地方国有工业企业资产负债率下降了近 12 个百分点，即从 1994 年底的 80% 下降到 1996 年底的 68.5%，企业增加资本金近 200 亿元。

---

① 中共上海市委党史研究室编：《上海改革开放三十年大事记》，上海教育出版社 2008 年版，第 177 页。

1996 年与 1994 年相比，250 家试点企业的总资产增长 36.6%，所有者权益增长 47%，产值增长 23.1 %，销售收入增长 26%，利润增长 8.8%。① 从而，为整体上优化资本结构，解决企业历史包袱，增强发展后劲建立了基础。

三是探索国有资产授权经营新路。上海从改革政府机构入手，探索政企分开、政资分离的有效途径，将工业、商业、建设、农业等系统的大部分主管局改制为控股公司或集团公司。现在，国有资产授权经营的投资主体基本确立，初步形成了国有资产管理、运营框架。

四是抓大放小，实现资产重组。根据“上强下活”的原则，对一些大企业进行跨行业的资本重组联合，1996 年组建了“华谊”“电气”“实业”集团，1997 年又组建了“广电”“汽车”集团，为壮大支柱产业、发展规模经济打下了基础。同时，先后两次共将市属 231 家小企业下放到区县，为小企业改革发展创造了比较宽松的环境，加速了小企业的转制。②

五是在政府推动下开展兼并破产工作。根据“多兼并，少破产”的原则，结合产业结构调整，大力推进国有资产存量流动。至 1997 年底，全市被兼并企业累计达 740 多户，破产企业 85 户。

六是扎实开展再就业工程。90 年代以来，上海已有 100 万人次

① 中共上海市委党史研究室编：《上海改革开放三十年大事记》，上海教育出版社 2008 年版，第 177 页。

② 黄金平主编：《上海改革开放实录（1992—2002）》，上海书店出版社 2015 年版，第 349 页。

的职工转换了岗位。1996年下半年，纺织、仪电两个系统成功进行了再就业服务中心试点，当年进入中心托管职工11.5万人共分流安置职工5.8万人。[①] 1997年，又进一步把试点范围扩大到轻工、化工、冶金、电气、建材5个集团公司。再就业服务中心的建立，探索了政府与社会共同资助、控股公司与困难企业共同负担、以中介机构托管为主要形式的再就业机制。再就业工程为稳步推进上海产业结构调整和企业机制转换做出了贡献，并为社会劳动力资源配置市场化创造了条件。

七是逐步建立和完善社会保障体系。这项工作在上海起步较早，至90年代，全市养老、医疗、失业等基本保险的覆盖面已达到98%以上。初步形成了以基本保险、补充保险、社会救助为主要内容的社会保障体系，以及社会统筹和个人账户相结合，国家、企业和职工个人合理分担的社会保障运作机制。

八是逐步调整和完善企业的所有制结构。就工业企业而言，国有企业户数已由1985年的4176户下降到目前的3600户；与此同时，企业集团及其他经济类型（包括外资、个体、私营）企业发展呈上升态势。以个体私营经济为例，1979年，上海个体工商户共8327户，至1998年6月底，已达163204户；上海私营企业发展始于1988年，之后每年迅速增长，至1998年6月底，已达83983户。[②]

① 冯小敏主编：《中共上海历史实录（1949—2004）》，上海教育出版社2004年版，第1135页。

② 张锦华：《中国当代非公有制经济的现状和发展》，辽宁人民出版社1999年版，第235页。

然而，国有经济的资产总量在社会总资产中仍占绝对优势，对整个经济的发展起主导作用。据统计，在掌握国民经济命脉的三大产业中——电力、钢铁、运输和通讯业，国家资本金比重分别高达99.5%、94.4%和89 %。在对国计民生有举足轻重影响的支柱行业，如金融、证券、保险业等，国有经济都占支配地位。在关系国家综合实力的重大基础设施建设和高新技术开发领域，例如航天技术、集成电路、生物与医药、信息港、新材料等战略性产业的建设，都由国家资本控股。培育和完善市场体系，不仅是深化企业改革、完善企业外部环境的需要，而且是重塑中心城市功能的需要。

改革开放以来至90年代末，是上海的市场体系逐步形成和崛起的20年。上海作为一个特大型的经济中心城市，在经济发展上应该具有独特的地位和作用。从城市功能的角度看，可以是一个产业中心，也可以是一个消费中心，但从推动长江三角洲和长江沿江地区经济繁荣出发，上海更应该大力促进地区之间、国内外之间的商品、资金、技术、人才、信息的流动和组合，成为一个商品和生产要素大流通的中心。这样既不与兄弟省市争资源、争市场；又可以充分发挥大城市的综合功能，为长江流域经济发展服务。为此，从80年代至90年代，上海以抓好“五流”为中心进行了全方位的市场体系建设：

一是资金流。资金是经济活动的“血液”，资金的流动方式体现了市场经济的发达程度。上海的资金市场建设着重发展证券市场、外汇调剂市场、短期资金融通市场和同行业拆借市场。同时，进一步扩大外资银行的经营活动范围，进行中外合资经营保险业务的试点。

二是商品流。商品流既包括物流，也包括商流；既有现货交易，又有期货交易。上海作为一个历史上就有基础的商品集散地，通过扩大商品流，可以比单纯地搞工业、出产品，发挥更大的作用。上海的商品市场着重发展全国性、地区性的各类商品市场及期货、生产资料和房地产市场，提高商品流通的服务质量，发展仓储、运输等产业，把公路运输、长江航运、海路运输和航空运输紧密衔接起来，形成物流配运枢纽。

三是技术流。科学技术是第一生产力。国际市场竞争说到底是科技的竞争。上海的技术市场着重发展技术交易所、技术经济网络、无形资产评估、知识产权保护体系；一方面凭借自己的科技实力，通过技术市场把国外的先进技术引进来，进行消化吸收和提高；另一方面通过技术市场及各种渠道和方式，使目前分散在各地的科技力量集中起来，进行一些重大科技项目的攻关和产业化，最终把这些成果向全国各地扩散、推广。

四是人才流。上海的人才市场建设着重发展经营者人才市场和各类专业人才市场，大力吸引国内外的人才，为发挥他们的专业特长提供良好的条件。同时改革现行的户籍管理办法，逐渐淡化户籍观念，改进户口管理，妥善解决各类专业人才到上海工作的后顾之忧。

五是信息流。信息作为一种资源，在当今世界经济发展中起着越来越重要的作用。上海的信息市场建设着重大力发展信息产业，加强国内外各信息的收集和分析，并通过各种信息机构，建立长江三角洲和长江沿江地区的信息网络。

二、谋划战略构想

1994 年 7 月，上海召开了《迈向二十一世纪的上海》发展战略研讨会。一批国内著名专家，国务院有关部、委、办领导及本市各条战线的领导、研究人员共 200 余人出席了研讨会。会议认为，迈向 21 世纪的上海，不仅面临严峻挑战，更面临有利机遇，必须在世界经济和中国经济发展的态势中把握世纪之交的历史机遇；迈向 21 世纪的上海，不仅是中国的上海，更是世界的上海，必须在世界经济一体化框架中描绘面向新世纪的发展蓝图；迈向 21 世纪的上海，不仅是改造与振兴，更是发展与创新，必须在促进中国经济走向世界的过程中以全新的姿态奔向未来。

从 90 年代中叶起到 21 世纪初叶，是上海改革开放和社会主义现代化建设承前启后、继往开来的重要时期，是上海进行经济体制转轨、经济增长方式转变、经济结构调整的关键时期，上海必须抓住机遇，加快发展，为实现跨世纪的宏伟目标而努力奋斗。中国共产党第十四次全国代表大会要求上海尽快成为长江流域经济发展的“龙头”，成为国际的经济、金融、贸易中心之一。按照这一战略要求，上海在《上海市国民经济和社会发展“九五”计划与 2010 年远景目标纲要（草案）》中明确提出了跨世纪的战略目标：到 2010 年，为把上海建成国际经济、金融、贸易中心之一奠定基础，初步确立上海国际经济中心城市的地位。

这一战略目标，体现了国家的发展战略要求，展现了上海的宏伟发展前景——到 2010 年，上海要基本形成世界大都市的经济规模和综合实力；基本形成具有世界一流水平的中心城市格局；基本形成国内外广泛经济联系的开放格局；基本形成符合国际通行规则的市场经济运行机制；基本形成现代化国际城市基础设施的构架；基本形成以促进人的全面发展为中心的社会发展体系和人与自然和谐的生态环境。总的来说，有以下具体目标需要努力实现：

（1）在经济发展方面，上海要加快产业结构调整的步伐，实现产业结构高度化，形成高新技术产业群和发达的第三产业体系。建成沟通国内外资金流、商品流、技术流、人才流、信息流的现代化市场体系，发挥国际经济中心城市的集散、管理、服务和创新功能。综合经济实力显著增强，人均国内生产总值达到目前发达国家水平，形成可持续发展的局面。

（2）在城市发展方面，上海要优化城市形态布局，推进城市装备现代化，形成中央商务区、中心商业区、中心城区、辅城和郊区构成的“多心、多层、组团式”的城市形态布局框架，城市化水平达到 85%。建成国际航空港、国际深水港、国际信息港，基本形成市内轨道交通体系和对外高速交通网络，发挥国内外交通、通信的枢纽功能。

（3）在改革开放方面，上海要加大改革力度，扩大对内对外开放，并发挥浦东新区的带头示范作用，使上海形成比较完善的社会主义市场经济体制和运行机制，从而充分发挥市场机制对资源配置的基础性作用和上海市场配置资源的中心作用，国际经济中心城市的功能开始发挥。

（4）在人民生活方面，上海要在实现小康的基础上，使上海居民生活质量全面提高。居民消费结构发生质的变化，人民生活更加宽裕，住房消费和文化、教育、旅游等精神生活消费逐步成为社会消费主流。居住条件在不断提高住房成套率的基础上，逐步向家庭人均一个房间的“康居”标准过渡。黄浦江、苏州河污染得到有效治理，城市生态环境显著改善。

这次研讨会指出，实现上述远景目标的关键是必须抓住20世纪最后5年的发展机遇。“九五”期间，上海国内生产总值力争平均每年增长10%左右。这个要求是积极的，也是量力而行的。研讨会预计，到20世纪末，上海经济总量的规模进入亚洲地区大城市前列，跻身世界大都市行列；人均国内生产总值达到中等收入国家水平。

会议还强调，上海在今后发展中必须贯彻以下指导方针：一是保持国民经济持续、快速、健康发展的势头，努力实现速度和效益相统一；二是正确处理改革、发展、稳定三者关系，把握改革、发展、稳定的最佳结合点；三是大力推进产业结构战略性调整，继续坚持“三、二、一”产业发展方针，加快科技进步，促进产业结构合理化、高度化；四是整体推进以建立现代企业制度为中心环节的综合配套改革，加快上海率先建立社会主义市场经济运行机制的进程；五是进一步扩大对内对外开放，坚持辐射长江，服务全国，面向世界；六是集中力量打歼灭战，把有限的人力、物力和财力集中起来，办好一批对经济建设和社会发展全局起关键作用的大事；七是不断完善“两级政府，两级管理”体制，进一步强化区县政府职责，赋予相应的权限，充分调动市、区县和街道、乡镇等各方面的积极性；八是坚持“两手抓、两手都要硬”，促进经济与社会协调发展，物质文明和精神文明共同进步。

三、谱写治理新篇

跨入21世纪的第一年，上海就交出了一份令全国人民倍感振奋的成绩单：1992年至2000年，上海经济已连续9年保持10%以上的经济增长率；2000年国内生产总值4551亿元，比1952年增长了59倍，比1960年增长了5.7倍，比1990年增长了1.8倍，按当年汇率折算的人均国内生产总值达到4180美元。截至2000年底，上海在浦西、浦东已累计完成固定资产投资1.38万亿元，其中，全市基础设施投资3101亿元，完成住宅建设投资2872亿元；上海的高层楼宇从80年代末90年代初的800多幢跃升为3000多幢。[①]

① 中国对外经济贸易年鉴编辑委员会编：《中国对外经济贸易年鉴2001》，中国对外经济贸易出版社2001年版，第333页。

与此同时，上海产业结构调整与产业升级已经开始良性互动，三次产业比重正式步入1.8：48：50.2的合理区间。上海工业门类更加齐全，装备愈益先进，配套能力不断增强，已形成制造汽车、飞机、远洋巨轮和航天火箭、气象卫星等高级精密尖端产品的完整体系；通信设备、电站设备、钢铁、石化、家电等支柱产业已居主导地位；信息、生物医药、新材料等高新技术产业迅速崛起，2000年上海第二产业增加值达2187亿元；该年，上海金融保险、商品流通、交通邮电、房地产等第三产业的增加值更达到2283亿元。①

2000年底，作为中国重要的商品物资集散中心和对外贸易的主要口岸，上海港外贸进出口总额547.1亿美元。上海港始终是全国最大的港口，包括黄浦江两岸、长江口南岸、杭州湾北岸三大主港区，建成码头（泊位）超过300个，其中，万吨级深水泊位已有70个。上海港的船舶航线通往160多个国家和地区的400多个港口，货物吞吐量达到2.04亿吨，集装箱吞吐量561.2万国际标准箱。②

1999年修订完成、2001年国务院批复通过的《上海市城市总体规划》，将新世纪的上海城市发展目标定位于建设社会主义现代化国际大都市，并逐步建成国际经济、金融、贸易和航运中心之一。围绕这一主线，上海自2000年以来大力推进体制创新和科技创新，继续调整优化经济结构，加快构筑新型产业体系，积极发展

---

① 靖学青：《长江经济带产业发展与结构转型》，上海社会科学院出版社2015年版，第40页。

② 徐庆伟主编：《打开长江口——长江口深水航道治理三期工程纪实》，长江口深水航道治理三期工程立功竞赛领导小组2001年版，第171页。

信息、金融、商贸、汽车、成套设备、房地产六大支柱产业，积极培育生物医药、新材料、环境保护、现代物流四大新兴产业，优化发展石化、钢铁两大基础产业。

从2000年至2005年，只经过五年左右时间，上海便率先实现了国民经济和社会发展的现代化数量指标：（一）综合经济实力方面，上海继续保持国内生产总值年均增长9%—11%，2005年经济总量已超过7300亿元，人均达到5.4万元；市区居民年人均可支配收入达到1.5万元，农民年人均收入达到7100元。[①]（二）综合服务功能方面，2005年上海证券、期货、外汇等市场交易额分别占到全国的60%以上，成为中国名副其实的资本运作中心和资金运营中心。（三）综合发展环境方面，2005年上海绿化覆盖率达到30%；每年的环境保护投入超过国内生产总值的3%；城镇登记失业率控制在4.5%以下，已建成全面覆盖、多层次的城乡社会保障体系；信用制度和市场秩序也进一步完善，社会安全度持续提高。（四）综合创新能力方面，2005年上海全社会研究和开发投入相当于国内生产总值的比例突破2.2%。（五）市民综合素质方面，2005年上海人口期望寿命已达79岁，新增劳动力受教育年限达到14年；年人均文教娱乐性消费大幅增加。当然，在经济大发展的同时，上海人民生活水平也在显著提高，上海职工人均工资2000年

① 《港澳经济年鉴》编辑部编：《港澳经济年鉴2001》，《港澳经济年鉴》社2001年版，第414页。

为15439元，2005年已达71268元。①

正是在这一良好的城市物质文明和精神文明基础上，党中央于2006年全国“两会”期间，对上海提出了建设“四个中心”和推进“四个率先”的殷切期望。“四个中心”即将上海全力打造为国际经济中心、国际金融中心、国际贸易中心和国际航运中心；“四个率先”即要求上海“率先转变经济增长方式”，把经济社会发展切实转入科学发展轨道；“率先提高自主创新能力”，为全面建设小康社会提供强有力的经济和科技支撑；“率先推进改革开放”，继续当好全国改革开放的排头兵；“率先构建社会主义和谐社会”，切实保证社会主义现代化建设顺利进行。

2010年，第41届世界博览会在上海正式举办，这是发展中国家在世界博览会历史上第一次举办注册类、综合性世界博览会，在全球范围内引起巨大轰动。上海世博会决定以“城市——让生活更美好”作为博览会主题，在展示理念、方式和效果等方面，努力汇集并呈现了世界各国对这一主题的多样性精辟见解，反映了当代世界关于城市发展问题的最高认识水平，其影响力在人类文明发展史上足以留下浓墨重彩的一笔。

四、规划发展愿景

翻过世博会绚丽篇章的上海并未故步自封，在党中央的正确指

---

① 张兆安主编：《上海经济年鉴2006》，上海经济年鉴社2006年版，第584页。

引下，上海坚持居安思危，对充满不确定性的未来发展进行了一系列具有前瞻性和科学性的预测研判。

2014年起，上海市委、市政府委托上海市人民政府发展研究中心，围绕从长远出发谋划上海未来发展、明确发展目标、推动城市创新转型的重要主题，开展了面向未来30年的上海发展战略研究。

研究工作在全国范围内公开遴选包括中央部委、上海、江浙和香港地区在内的76所知名院校和研究机构的研究团队，承担了43个专题研究任务；邀请世界银行组建以首席城市学家为核心、由世行华盛顿总部和中国总部专家组成的工作团队密集来沪调研与实地考察，提出各种开放性对策建议；同时，委托国务院发展研究中心、商务部研究院、科技部研究院、国家发改委能源所，以及中国人民大学、上海社会科学院、复旦大学、上海财经大学、华东师范大学、上海市委党校等部门机构、高校院所展开有针对性的独立平行研究。

经过多年的严谨论证和频繁研讨，主办方及各界参与学者形成了以下基本共识：

（一）未来30年，全球格局将会发生显著变化。经济全球化升级、全球治理结构多元、全球投资贸易规则变动、新科技革命和新产业革命演进、新兴经济体崛起等多重因素变化所带来的影响，必将折射到全球城市网络体系的演化之中。特别是全球经济中心东移将改变全球城市的空间版图和分布格局，亚洲地区新兴的全球城市将在世界体系中发挥更大的节点作用。在这一背景下，上海将有可能充分依托自身独特的发展优势以及与生俱来的全球城市内在基因，代表中国、代表亚洲快速崛起并加快成长为综合性全球城市，与伦敦、纽约等全球城市之间的关系将从“追随者”“配合者”向竞争合作的“伙伴关系”转变。

（二）未来30年，全球城市体系将会进一步演化升级。迈入21世纪以来，全球城市的发展理念已经发生显著变化，对经济、科技、社会、文化和生态的均衡发展要求日益凸显。例如，在发展动力上，纽约、伦敦将推动后续发展的动力切换至由“创新驱动”和“财富驱动”共同组成的双轮引擎，更为注重科技创新对于城市发展的引领作用；在发展导向上，提升城市综合品质成为全球城市的重要诉求，伦敦已明确提出“建设更加繁荣、公平、便捷、绿色的宜居城市”和“世界卓越的创意和文化中心”，纽约也提出“建设更绿更美好的城市”。因此，全球城市发展的关注焦点将逐步由竞争资本和实体经济的控制力转向以创新、低碳、智慧、宜居等推动城市自身可持续发展的长效竞争能力，这些新变化、新导向将为上海优化全球城市建设提供有益借鉴。

（三）未来30年，国家战略的跃升需求将会更加强烈。基于对“两个百年”发展愿景的响应，中国的发展将进入全新阶段，迫切需要具有全球资源配置能力和全球综合服务功能的城市载体代表中国参与全球竞争。上海全球城市的建设必然要牢牢把握中国战略崛起的历史机遇，通过高度开放从而集聚高端资源、链接全球市场、服务全球经济；同时，与全球城市网络构建广泛深入的政治、科技和文化交流体系，从而在打造中国经济升级版和实现中华民族伟大复兴“中国梦”中承担更大的责任和使命，在中国参与国际竞争、提高国际话语权中发挥更大作用，成为中国实现崛起的标杆区域和重要节点。

（四）未来 30 年，区域体系的能级提升将会更加突出。随着全球一体化的发展，城市的竞争不再是简单的个体竞争，而是城市群之间的竞争，全球城市的形成和发展将更依赖于城市区域的支撑。因此，将很难再形成类似纽约、伦敦等单体型的全球城市。长三角城市群是中国经济发展速度最快、经济总量规模最大、最具有发展潜力的经济区域，为上海建设全球城市提供了强有力的区域支撑。同时，随着长三角城市群发展向巨型城市区域演变，更需要上海通过强化交通枢纽网络引领、产业转型升级引领、高端服务功能引领、资源要素配置引领、高度开放竞争引领、生态环境治理引领等功能的打造，从而成为长三角这一未来世界级城市群的核心引领城市，引领长三角区域在更高层次参与国际合作和竞争。

（五）未来 30 年，城市发展形态将会迎来新的转型蜕变。21 世纪后的上海已经处在发展动力再造的十字路口，亟待确立新的发展模式和发展路径。未来上海城市的转型发展将不仅只局限在扩大城市规模、更新城市形态、完善城市设施、优化城市软环境、强化物质财富创造力上，而将更多体现在扩大对外连通性和资源要素流动性上，实现从区域性要素集聚节点向全球性资源配置平台的转变，成为全球资源要素集聚、辐射、流动的重要节点，成为具备全球科技、文化交融和群英荟萃强大吸引力，全球治理和国际事务协调重大影响力，人类文明高度引领与广泛传播力的全球城市。

基于对上述国内外发展趋势的科学研判，上海应当顺应全球经济治理新趋势、顺应全球城市网络发展新态势，把握中国战略崛起历史机遇，落实国家战略发展要求，依托长三角世界城市群，加快建设成为以“高度开放、广泛连通、活力包容、和谐共生”为核心特征，在全球高端要素配置、创新活动策源、多元文化融合、宜居环境营造、治理体系构建等方面具有影响力、辐射力和带动力的世界性、综合性、可持续发展的全球城市，成为全球城市网络中的核心节点和战略基点。

为此，上海可以将未来城市发展的愿景目标定位为以下几个方面：

（一）要建成具有全球重要影响力、与中国经济实力和国际地位相匹配的全球城市。上海全球城市在总体能级上要与纽约、伦敦等城市比肩，跻身全球城市体系中的第一方阵，要在经济、文化、科技、信息、治理等多个领域具有核心竞争力和全球影响力，打造以全球资本交易与流通配置平台、全球货品和服务交易与流动配置平台、全球科技创新与服务平台、全球信息知识技术交换与服务平台、全球文化创意及服务平台为引领的综合性全球城市新型产业体系；具有较强的连通性、高端要素配置力，促进全球要素的流动与增值；依托长江经济带强大的区域支撑，成为全球最大城市群的核心引领城市。

（二）要成为全球金融中心，肩负全球人民币市场中心功能。在国际金融中心功能基础上延续升级，代表国家参与全球竞争，成为上海提升全球资源配置能力的重要载体。成为人民币全面国际化条件下的交易、定价和清算中心；成为投融资体系健全、衍生品交易活跃、财富管理体系完善的全球资产与财富管理中心；成为与实体经济发展、科技创新进步、贸易转型升级等要求相适应的全球金融产品、业务、服务创新中心。

（三）要成为全球科技创新中心，跻身全球重要创新城市行列。通过整合全球创新资源、占据全球创新链高端环节，成为世界创新人才、科技要素和高新科技企业集聚度高，创新创造创意成果多，科技创新基础设施和服务体系完善的综合性开放型科技创新中心，成为全球创新网络的重要枢纽和国际性重大科学发展、原创技术和高新科技产业的重要策源地之一。

（四）要成为具有文化特质、独特魅力、包容亲和的人文生态城市。成为展示国家文化软实力、塑造城市品牌、提升城市品质和魅力的重要承载；成为文化创意中心、文化交流中心、时尚文化中心，既突出中国本土文化特色，又能包容国际文化的融入。以促进人的全面发展为基本出发点，营造更加便利舒适、充满关怀、绿色低碳的人居环境，不断增强城市包容性和市民归属感和幸福感，成为高密度超大城市可持续发展的典范城市。

（五）要成为全球城市良好治理的典范。以制度创新、模式创新作为实现社会良治的方式和途径，全面创新和有效实现超大城市的社会治理，形成“开放、流动、多元、参与”的社会治理框架，成为全球良好城市治理的典范，为我国其他城市和区域的治理提供示范，成为向世界展现中国国家治理体系和治理能力现代化的窗口。

当然，要实现上述愿景目标，上海还需要走较长一段发展道路；但幸运的是，作为最大发展中国家首屈一指的特大型城市，在中国特色社会主义制度优越性保障下，在党中央和全国人民全力支持下，上海始终牢牢握有未来发展的宝贵先机和主动权，怀有转型升级的足够底气和自信心。2018 年底，党中央对上海提出了三项“新的重大任务”：一是要增设和办好上海自由贸易试验区新片区；二是要在上海证券交易所设立“科创板”并试点注册制；三是要把长江三角洲区域一体化发展上升为国家战略。这些任务的集中重点提出与相继部署实施，显示了国家对上海发展及其辐射示范作用的高度重视与殷切期待，也必将为新时代上海改革开放事业提供新的机遇和动力。

参考文献

熊月之主编：《上海通史（全十五卷）》，上海人民出版社 1999 年版。

熊月之主编：《稀见上海史志资料丛书》，上海书店出版社 2012 年版。

熊月之、马学强、晏可佳：《上海的外国人（1842—1949）》，上海古籍出版社 2003 年版。

顾炳权：《上海史志人物风俗丛稿》，上海书店出版社 2018 年版。

张剑光：《上海史文献资料丛刊》，上海交通大学出版社 2018 年版。

仲富兰主编：《上海六千年》，上海人民出版社 2018 年版。

年振宇主编：《城市史研究论丛》，上海社会科学院出版社 2018 年版。

陈丽凤、周耀虹：《上海抗日救亡运动》，上海人民出版社2015年版。

上海市档案馆编：《日本侵略上海史料汇编》，上海人民出版社2015年版。

中共上海市委党史研究室、上海市文物局编：《中国共产党早期在上海史迹》，同济大学出版社2013年版。

上海社会科学院历史研究所编：《辛亥革命在上海史料选辑》，上海人民出版社2011年版。

马学强、宋钻友：《上海史话》，社会科学文献出版社2011年版。

陈杰：《实证上海史：考古学视野下的古代上海》，上海古籍出版社2010年版。

上海通志编纂委员会编：《上海通志》，上海人民出版社2005年版。

陈金林、徐恭时：《上海方志通考》，上海辞书出版社2007年版。

上海市地方志办公室编：《上海方志提要》，上海社会科学院出版社2005年版。

（美）帕克斯·小科布尔著，蔡静仪译：《上海资本家与国民政府（1927—1937）》，世界图书北京出版公司2015年版。

（法）白吉尔著，王菊、赵念国译：《上海史：走向现代之路》，上海社会科学院出版社2014年版。

（葡）裘昔司著，孙川华译：《晚清上海史》，上海社会科学院出版社2012年版。

（美）顾德曼著，宋钻友译：《家乡、城市和国家：上海的地缘网络与认同（1853—1937）》，上海古籍出版社2004年版。

（法）安克强著，张培德、辛文锋、肖庆璋译：《1927—1937年的上海：市政权、地方性和现代化》，上海古籍出版社2004年版。

卢汉超著，段炼、吴敏、子羽译：《霓虹灯外：20世纪初日常生活中的上海》，上海古籍出版社2004年版。

（美）韩起澜著，卢明华译：《苏北人在上海（1950—1980）》，上海古籍出版社2004年版。

（美）魏斐德著，芮传明译：《上海歹土：战时恐怖活动与城市犯罪（1937—1941）》，上海古籍出版社2003年版。

（日）小浜正子著，葛涛译：《近代上海的公共性与国家》，上海古籍出版社2003年版。

（美）罗兹·墨菲著，上海社会科学院历史研究所译：《上海：进入现代中国的钥匙》，上海人民出版社1986年版。

施宣圆主编：《上海700年》，上海人民出版社2000年版。

郑祖安：《百年上海城》，学林出版社1999年版。

楼荣敏：《外滩历史和变迁》，上海画报出版社1998年版。

上海通社编：《旧上海史料汇编》，北京图书馆出版社1998年版。

曹聚仁:《上海春秋》，上海人民出版社1996年版。

唐振常主编:《上海史》，上海人民出版社1989年版。

唐振常:《近代上海繁华录》，香港商务印书馆1993年版。

于劲:《上海1949——大崩溃》，解放军出版社1993年版。

苏智良:《近代上海黑社会研究》，浙江人民出版社1991年版。

张祺:《上海工运纪事》，中国大百科全书出版社1991年版。

上海百货公司编:《上海近代百货商业史》，上海社会科学院出版社1988年版。

陈绍康:《上海共产主义小组》，知识出版社1988年版。

朱邦兴:《上海产业与上海职工》，上海人民出版社1984年版。

谯枢铭:《上海史研究》，学林出版社1984年版。

蒯世勋:《上海公共租界史稿》，上海人民出版社1980年版。

汪传旭:《上海与长江流域航运服务业联动发展》，上海人民出版社2014年版。

邹依仁:《旧上海人口变迁的研究》，上海人民出版社1980年版。

陈国灿主编:《江南城镇通史（明代卷)》，上海人民出版社2017年版。

《上海词典》编委会编:《上海词典》，复旦大学出版社1989年版。

彭贵珍:《南京国民政府时期上海劳资争议研究》，江西人民出版社2014年版。

蒋以任、李锐、李墨龙：《创新：21 世纪上海核心竞争力浅论》，上海人民出版社 2010 年版。

中共上海市委党史研究室、中共上海市教育卫生工作委员会、上海市现代上海研究中心编：《口述上海：教育改革与发展》，上海教育出版社 2014 年版。

刘云柏：《近代江南工业资本流向》，上海人民出版社 2003 年版。

《中国经济发展史》编写组编：《中国经济发展史（1840—1949）》，上海财经大学出版社 2016 年版。

徐新吾、黄汉民主编：《上海近代工业史》，上海社会科学院出版社 1998 年版。

姚会元：《江浙金融财团研究》，中国财政经济出版社 1998 年版。

邵雍：《从开天辟地到天翻地覆》，上海人民出版社 2013 年。

陶柏康主编：《上海经济体制改革史纲（1978—2000）》，文汇出版社 2006 年版。

孙玉琴编：《中国对外贸易史》中卷，中国商务出版社 2015 年版。

刘惠吾主编：《上海近代史》，华东师范大学出版社 1987 年版。

忻平：《危机与应对：1929—1933 年上海市民社会生活研究》，上海大学出版社 2012 年版。

清庆瑞主编：《抗战时期的经济》，北京出版社 1995 年版。

田彤：《民国劳资争议研究（1927—1937）》，北京商务印书馆2013年版。

戴建兵：《白银与近代中国经济（1890—1935）》，复旦大学出版社2005年版。

中国人民银行总行参事室编：《中华民国货币史资料》，上海人民出版社1991年版。

中国银行行史编辑委员会编：《中国银行行史（1912—1949）》，中国金融出版社1995年版。

潘君祥主编：《近代中国国货运动研究》，上海社会科学院出版社1998年版。

中共上海市委党史研究室、上海市档案局主编：《日出东方——中国共产党诞生地的红色记忆》，上海锦绣文章出版社2014年版。

徐剑雄、杨元华：《上海抗战与国际援助》，上海人民出版社2015年版。

郑友揆、程麟荪：《中国的对外贸易和工业发展（1840—1948）》，社会科学院出版社1984年版。

何旭艳：《上海信托业研究（1921—1949）》，上海人民出版社2007年版。

夏泰生、李震主编：《中国投资简史》，中国财政经济出版社1993年版。

姚锡棠：《浦东崛起与长江流域经济发展》，上海科学技术出版社1995年版。

陈鸿基:《深沪经济比较研究》,海天出版社 2002 年版。

蔡来兴主编:《国际经济中心城市的崛起》,上海人民出版社 1995 年版。

上海市商务委员会编:《上海开放型经济 30 年:中国改革开放 30 年上海对外经济贸易回顾和展望》,上海人民出版社 2008 年版。

中共上海市委党史研究室编:《上海社会主义建设五十年》,上海人民出版社 1999 年版。

马学新、陈江岚主编:《当代上海城市发展研究》,上海人民出版社 2008 年版。

黄金平主编:《上海改革开放实录(1992—2002)》,上海书店出版社 2015 年版。

冯小敏主编:《中共上海历史实录(1949—2004)》,上海教育出版社 2004 年版。

郁青、浦再明主编:《时代的选择——上海可持续发展战略研究》,上海社会科学院出版社 2000 年版。

于根生:《21 世纪上海城市安全思考》,学林出版社 2002 年版。

《上海电信史》编委会编:《上海电信简史(1871—2010)》,上海人民出版社 2013 年版。

张鳌主编:《上海科学技术志(1991—1999)》,上海社会科学院出版社 2003 年版。

周振华:《上海:城市嬗变及展望(1949—2009)》,格致出版社2010年版。

周振华：《卓越的全球城市：国家使命与上海雄心》，格致出版社2019年版。

周振华：《全球城市：国家战略与上海行动》，格致出版社，2019年版。

童世骏、方松华：《中国特色社会主义理论：上海的探索与实践》，上海社会科学院出版社2008年版。

崔宁：《重大城市事件下城市空间再构——以上海世博会为例》，东南大学出版社2008年版。

中共上海市委党史研究室编：《上海改革开放三十年大事记》，上海教育出版社2008年版。

靖学青：《长江经济带产业发展与结构转型》，上海社会科学院出版社2015年版。

万勇、顾书桂、胡映洁编：《基于城市更新的上海城市规划、建设、治理模式》，上海社会科学院出版社2018年版。

上海研究院项目组：《进博会蓝皮书：中国国际进口博览会发展报告》，社会科学文献出版社2019年版。

廖凡：《上海自贸试验区建设推进与制度创新》，中国社会科学出版社2017年版。

高全喜、郭曰君：《上海自贸区法治建设探索》，社会科学文献出版社2018年版。

李骏、张友庭：《超大城市的社区治理：上海探索与实践》，上海人民出版社 2019 年版。

《上海年鉴》

《上海经济年鉴》

《上海金融年鉴》

《上海统计年鉴》

《上海商务年鉴》

《上海工业年鉴》

《上海房地产年鉴》

《上海出口产品年鉴》

《上海文化年鉴》

《上海教育年鉴》

《上海科技年鉴》

《上海旅游年鉴》

《上海卫生年鉴》

《上海公安年鉴》

后　记

进入上海工程技术大学任教职以来，除了承担若干思想政治理论课的主业教学任务外，因上海本地出生且兼具历史学背景，我又被安排教授一门“上海地方史概论”的特色通识课程。这门课一上就是八年多，从最初薄薄的几十页讲稿，历经与时俱进的内容损益与体例更新，竟亦汇成十几万字的篇幅。在得到身边的亲友、同事及领导的鼓励、指点和慰勉下，便有了将这些文字付梓行世的念头与实践。

在这八年多时间里，由于单位学科发展需要，以及自身研究兴趣迁移，我所立足的学科领域和研究方向都在逐渐经历转型，因而写作主题也由原先纯粹的地方史梳理，逐渐凝向对上海城市发展道路的现代性思考。在写作过程中，我又有幸收到上海市政协“海派文化地图丛书”编委会的邀请，参与多次区镇实地调研、文化采风和专家座谈，这使我受益匪浅，也加深了对上海城市现代化建设及上海文化多样化发展的体悟与理解。

在编委会中，有很多身退心难退、资深情更深的前辈文史学者和实务专家。在交流和研讨过程中，他们的热情、处世、学养与眼光，时常令身为晚辈后生的我钦佩不已而欲见贤思齐。作为改革开放和现代化建设新时期上海开发开放的亲身参与者，他们对上海乃至整个中国城市治理现代化发展逻辑的真知灼见，也每每使我深受启发。在这里，我要真挚地感谢其中李墨龙先生一直以来的青睐和提携，以及他为本书史料补益与修改润色所倾注的人力心力。作为一个普通的青年学人，我在事业起步期所取得的每一次进步，都凝聚着像李墨龙先生这样的长辈智者的关爱和指点，感念至真、感激至深！

当然，本书能够顺利完成并出版，也离不开我所供职的上海工程技术大学马克思主义学院的慷慨资助，以及我所在职进修的华东师范大学社会学博士后流动站的关心帮助，在此也一并表达诚挚谢意！

最后，还要感谢我的妻子和女儿，如果不是她们对我的事业一如既往的支持和鼓励，本书的出版可能还将遥遥无期！

吴超

己亥年乙亥

作于程园

索　引